领先增长

用营销思维践行领导力

［美］安东尼·伊安纳里诺（Anthony Iannarino）著

李小霞 译

LEADING GROWTH

The Proven Formula for
Consistently Increasing Revenue

中国科学技术出版社

·北 京·

Leading Growth：The Proven Formula for Consistently Increasing Revenue by Anthony Iannarino, ISBN:9781119890331
Copyright © 2022 by Anthony Iannarino.
All Rights Reserved. This translation published under license with the original publisher John Wiley & Sons, Inc.
Simplified Chinese translation copyright © 2024 by China Science and Technology Press Co., Ltd.
All rights reserved.
Copies of this book sold without a Wiley sticker on the cover are unauthorized and illegal.

北京市版权局著作权合同登记 图字：01–2023–4384

图书在版编目（CIP）数据

领先增长：用营销思维践行领导力 /（美）安东尼·伊安纳里诺（Anthony Iannarino）著；李小霞译 . —北京：中国科学技术出版社，2024.7

书名原文：Leading Growth: The Proven Formula for Consistently Increasing Revenue

ISBN 978–7–5236–0751–0

Ⅰ . ①领… Ⅱ . ①安… ②李… Ⅲ . ①市场营销学 Ⅳ . ① F713.50

中国国家版本馆 CIP 数据核字（2024）第 097831 号

策划编辑	杜凡如　于楚辰	**责任编辑**	孙倩倩
封面设计	仙境设计	**版式设计**	蚂蚁设计
责任校对	邓雪梅	**责任印制**	李晓霖

出　　版	中国科学技术出版社
发　　行	中国科学技术出版社有限公司
地　　址	北京市海淀区中关村南大街 16 号
邮　　编	100081
发行电话	010–62173865
传　　真	010–62173081
网　　址	http://www.cspbooks.com.cn

开　　本	880mm × 1230mm　1/32
字　　数	165 千字
印　　张	8.25
版　　次	2024 年 7 月第 1 版
印　　次	2024 年 7 月第 1 次印刷
印　　刷	大厂回族自治县彩虹印刷有限公司
书　　号	ISBN 978–7–5236–0751–0 / F·1256
定　　价	69.00 元

拱顶石是一个建筑领域的概念，与建造拱门有关。这块石头位于拱门的中心，承担着整个结构的压力。没有它，拱门就会倒塌。

我在二十多年的职业生涯中，领导过大大小小、各种规模的销售团队。多年的从业经历让我逐渐认识到，第一线的销售主管就是整个销售团队的"拱顶石"。任何计划、动议，甚至销售文化本身，都要依靠销售主管的力量才能达成。如果第一线销售主管的效率低下，整个销售团队就会面临崩溃的风险。

不过，这一认识并没有贬低销售人员的重要性。这些人每天投入大量的精力、付出大量的心血去寻找潜在的机会、服务潜在的客户、争取最好的成果。因此，我们应该换一种说法，优秀的销售人员需要优秀的销售主管。优秀的销售主管是吸引人才的磁石，他们可以吸引、培养、指导并留住那些在销售团队中创造优秀业绩的销售人员。

虽然在销售团队中，销售主管至关重要，但该职位也极具挑战性。主要原因是，一个优秀的销售主管不仅要精通销售业务，还要精通销售管理。销售业务和销售管理属于同一个领域，但这两类工作所需的技能却截然不同。

如果销售主管只懂销售管理，却不懂销售业务，那他们就很难提高销售人员的效率。这样一来，销售主管最终会失去追随者，并失去他们的职位。

如果销售主管只是销售专家，对领导力了解甚少或者完全不了解，那他们就只是顶尖销售人员而已［正如我的朋友迈克·温伯格（Mike Weinberg）所说，他们"是英雄却无法培养英雄"］，他们的局限性最终会让他们做回销售人员。

销售主管对于销售团队的成功至关重要，这一职位本身也面临着重重挑战；但令人费解的是，很多团队中对销售主管的培训却变得越来越少。与其他业务领域的管理人员相比，销售主管受到的培训通常是少之又少的。

在我看来，造成这种情况的原因是，上一代的高级销售主管就没有接受过领导力方面的培训。这让他们抱有一种理念："我没有接受过培训，但我知道该怎么做，所以其他人也可以。"这种思维逻辑加剧了销售主管不称职的比例，同时也影响了无数销售人员的生活。他们很不幸，将自己的职业生涯交到了一个不称职的领导手中。

尽管我在第一个领导岗位上，走了一条艰难的路，但我很幸运地碰到了一支优秀的团队，我们一起取得了成功。我当时只知道我们要快速行动，大量销售，其他的一概不知。作为一名新的领导者，我犯了很多错误。虽然（侥幸）超额完成了任务，但那只是大势所趋，并不是因为我做得好。

作为一名领导者，我职业生涯的转折点使我意识到，作为一名销售主管，需要并且只需要控制两件事情就可以了。我越是把注意力集中在这两件事情上，越是愿意为此牺牲其他事，我的效率就越高。这两件事就是：弄清我的团队里都有哪些人，以及我如何帮助这些人取得成功。

"我对团队中有些人业绩不佳感到沮丧。"正是在思考这个问题时，我得出了上述结论。我一直相信，在我身上发生的任何事情都是我的错和我的责任。我认定，如果团队中有人业绩不佳，那一定是我的某项决策出了问题。这里有两种可能的情况。

如果一名销售人员业绩不佳，要么是因为在他任职初期，我对他的指导不足，以致他未能做好充分的准备；要么是因为在工作一段时间后，他发现自己无法胜任工作或对工作不感兴趣，但我依然要求他继续任职。

作为一名领导者，如果我招募和选择了优秀的下属，我就会拥有优秀的团队。如果我坚持不懈地培养和提升下属的能力，我就会拥有优秀的团队。如果我确立了较高的标准并且坚持这些标准，我就会拥有优秀的团队。

这些都是非常有价值的经验。如果能早点知道这些，我们很多人的生活都会大不一样。

你手里的这本《领先增长》，它的意义正好体现在领导者这个角色的重要性上，体现在这个角色面临的挑战上，体现在这个角色的培训缺失上，体现在这个过程中你学到的有关领导力的关键经验上。

我一直是安东尼作品的忠实读者。他的博客是所有销售人员和销售主管的必读资料。安东尼一直吸引我的地方是，尽管大多数销售培训都是关于销售技巧或者"这样做就可以"之类的内容，但他通过理性的方式引导读者思考他们正在做些什么，以及为什么要这么做，并且确保他们在每次和客户的互动中都做好准备，以获得最佳的效果。

在《领先增长》一书中，安东尼将销售主管的艺术和科学最终统一了起来。这本书既包含了销售主管的要求，同时也没有忽视销售主管在日常行动中必须坚持的管理原则。

《领先增长》这本书的价值在于，它涵盖了销售主管在领导力方面关键而且传统的元素，比如问责制、培训和有效的指导、销售机会的评估以及人才的选择。

这本书的不同之处在于，它将读者带入了一个新的层次，深入探讨了销售主管这个角色的一些抽象环节。它带领读者了解一整个框架，包括制定愿景，并以一种能够引起共识的、获得拥护的方式进行沟通，同时探讨了如何设定标准、如何明确不可妥协的底线。它教导读者根据领导的风格及其特定的情境，分清什么是主动地投入，什么是被动地服从。即使是一些重要的（但很少被提到的）事情，比如，如何保护团队免受与销售无关的工作打扰，也在《领先增长》这本书中有所提及。

这些内容使这本书变得极具影响力。虽然这些内容是每个销售主管都需要了解的，但往往被人忽视，除非他们付出了惨痛的代价。

对新的销售主管来说，即使是那些在提供了优秀领导力培训的公司中工作的人，这本书也会对他们有所帮助。它可以为他们在职业早期和持续发展中奠定坚实的基础。而对一个被扔进狼群自生自灭的新销售主管来说，这些精英领导者的经验具有不可估量的价值。

对一名有经验的销售主管来讲，他可以从这本书中学到新的技巧和思维理论，并将其添加到他的"武器库"中。本书会让他回忆起刚开始任职时发生过，但随着时间的推移习以为常的事情。本书还会向他提出挑战，帮助他掌握或者重新掌握胜任该职位所需要的基础知识。

对高级管理者来说，这本书为他们建立或提升第一线的优秀领导者的能力提供了一份技能和期望值的蓝图。它对于任何组织都具有不可估量的价值。

领导者承担着重大的责任。下属的潜台词往往是，在他们所有可以选择的职位中，在我们这里工作对于他们的职业生涯和未来道路都是最有利的。

作为领导者，我们必须通过指导、提升和问责，为员工搭起一座桥梁，帮助他们从今天的位置，通向他们未来想去的任何地方。如果员工相信我们代表这座桥梁，他们就会留下来和我们一起成长。如果我们逃避责任，员工就可能会去寻找其他能够带领他们实现目标的领导者。

作为一名销售人员或者作为一名销售主管，我能提供的最好的职业建议就是寻找那些喜欢培养人才的领导者和公司。你的生产力、收入、职业发展和生活质量都会因此受益。

　　我希望这本书的读者能够运用他们学到的知识和基本技能，从中获益并受到启发，去建设一个更好的未来。这本书能让读者把自己对于卓越的标准提升到一个新的高度，用它来要求自己以及他们的领导者。

　　随着销售领导力的日益发展，销售行业的未来会发生积极的变化。能干的领导者将承担起培养未来领导者的责任，而未来的领导者又可以培养出新一代的销售人员。因此，这一行业将持续向前发展。

迈克·杰弗里（Mike Jeffrey）
人力资源管理解决方案提供商沛齐公司（Paychex）销售副总裁

CONTENTS | 目录 ↗

　　我的朋友汤姆·施特拉斯伯格（Tom Strasburg）有个高中同学叫杰夫（Jeff）。高中毕业后，杰夫不确定该从事什么职业，于是选择了参军。杰夫在新兵训练营的经历与很多战争电影中的情节极为相似。

　　杰夫的教官对新兵很严格。教官恶狠狠地说，这一拨新兵是他多年来训练的新兵中最差的。他坚持认为他们不适合加入他心爱的军队。几个星期后，新兵逐渐习惯了这种侮辱，心里明白不管表现如何，都会受到这样的评价。到后来，教官的辱骂变成了一种挑战。

　　晚上，当精疲力竭、饥肠辘辘的士兵站成一队时，教官会提出挑战，要求一个人上前与他单挑。他纠缠不休，不停地诋毁、诅咒、侮辱他们，尽他所能强迫有人站出来与他搏斗。这个教官的意志像钢铁一样坚韧，使士兵备受折磨。你可以想象，没有人站出来。和他单挑没有什么好处，反而有很大的坏处。

　　教官花了几个星期的时间鼓励士兵们鼓起勇气和他对峙。有一天，他说："你们当中就没有一个人有勇气出来和我单挑吗？"这句同样的话杰夫已经听了几个星期了。终于，他向前迈了一步，但并没有看向教官。似乎过了很久，没有一个人说话。

教官看着杰夫，伸手指向他，向其他士兵说："他就是你们的队长。"接着，教官二话不说，转身离开了训练场。

　　这本书的引言中讲述了一个简短而真实的故事。这可能是你听到的关于领导力的最好的定义了。它的理念就是：一个领导者就是能够站出来，对可能出现的困局承担责任的人。教官其实并不想和任何士兵搏斗。相反，他就是要看看谁会站出来，谁会在受到压力、被迫要去做一些困难的和不愉快的事情时，勇于站出来去做应该做的事。

　　我并没有在军队中服役的经验，所以除了引言和后面奥森·斯科特·卡德（Orson Scott Card）在《安德的游戏》（*Ender's Game*）中的故事，你在这本书里只会找到有关销售领域的领导力的例子。在这个领域中，我已经实践和研究了很长时间，足以写出这本书了。

　　《安德的游戏》是一本科幻小说，描述了一支军队如何选拔年轻的天才，将他们带到太空中，与将要摧毁他们星球的外星人作战的故事。作者奥森·斯科特·卡德在这本书的前言中介绍了自己如何想到了这个主题。他说，自己在阅读布鲁斯·卡顿（Bruce Catton）的《波托马克军团》（*The Army of the Potomac*）时感到震惊的是，3 位不同的将军在南北战争期间领导北方联邦军队时，都出于这样或那样的原因而失败了。而接替他们的第四任将军尤利西斯·S. 格兰特（Ulysses S. Grant）带领着同样的士兵、同样的军官、同样的马匹，在同样的地形上却战胜了同样的敌人。格兰特与其他人的不同之处在于，他把军队变成了自己意志的延伸。

你会发现，对那些苦苦挣扎的销售主管而言，他们没有把销售团队当作自己意志的延伸。在这本书中，有很大一部分篇幅就是为你提供策略和制度安排，使你的销售团队成为你意志的延伸。你的团队成员必须实现他们的目标，这样你才能实现自己的目标；否则，你就很难实现收入的增长。收入增长不是因为你的运气好，不是因为你为一家卓越的公司工作，不是因为你有令人难以置信的产品或服务，也不是因为你的竞争对手弱小，更不是因为其他任何外部因素。

收入增长只来自强大而有效的领导力和专注于收入增长的团队。

收入增长公式

收入增长的公式简单明了：先设定一段时间的预期收入（现有收入），然后减去预期的客户流失（流失收入），再加上新的预期净收入（新的净收入）。

现有收入是指你肯定能从现有客户及其他们的承诺、合同和订单中获得的收入。因为这些交易都是在过去完成的，所以在一年或一个季度开始的时候，这个数字是很小的。每家企业都会经历客户流失，而且有些流失是你无法控制的。

你失去的客户越少，你的收入（也就是我们说的新的净收入）就越容易增长。你做的事情可能会增加这个收入，也可能会让这个收入停滞不前。在最坏的情况下，如果没有创造出足够的新的净收入，你就可能会经历一些人所谓的"负增长"——这是对"收入下滑"的一种委婉说法。

收入增长的公式很简单，但人们完成它并不容易。你可以通过3种手段增加收入：

1. 向现有的客户销售更多的产品；

2. 获得新的客户；

3. 提高价格。

作为销售主管或销售经理，你的责任是前两项。你也可以要求提高价格，但这个决定通常是由高层领导做出的。如果你可以控制价格，通过提高价格来增加收入也是一种手段。在理想情况下，你可以同时采用这3种手段，尤其是当你的销售任务很重时更应如此。

为什么销售主管、销售经理以及他们的团队很难实现收入增长呢？如果你感觉专业的企业对企业（B2B）的销售越来越难做，那么你并不是唯一有这种感觉的人。如今，实现收入增长的阻力非常大，要做到这一点越来越困难。其中一些阻力来自外部，超出销售部门的直接控制范围。你和你的团队需要不断进步，去适应这些变化。还有一些内部的阻力困扰着销售部门的员工，使收入增长变得困难，甚至是不可能的。

如果销售部门的员工意识不到这些挑战，将很难理解为什么他们的收入难以增长。现在，你不用再去担心收入增长的挑战了，因为所有这些挑战都可以通过优秀而高效的销售领导力来解决。我们需要认识到这些挑战，这样你就能够识别它们，并与团队沟通，有效地解决问题，从而增加销售收入。

收入增长的外部挑战

在 B2B 销售领域，出现了巨大的、颠覆性的、渐进性的变化。这是由环境的变化造成的。这些变化使买家和决策者们更难在公司中实施变革，也更难顺利地完成购买过程——超过 54% 的人最终会决定什么都不买。

我们在这里讲的不是销售的变化，而是你的潜在客户在买东西的时候变得越来越困难。让我们来看看影响收入增长的几个主要因素。

互联网与信息不对等

随着互联网的发展，过去需要销售人员告知客户信息的事项变得不再必要。你的潜在客户可以在网站上找到关于你的公司、你的产品和服务以及关于你的客户的很多信息。事实上，如果你有一个运行良好的网站，你的客户可能会更清楚他们作为买家将会有何种体验。如果一个销售人员只能背诵有关公司众所周知的信息的话，那么他对客户的价值就不比谷歌或者 DuckDuckGo❶ 这种搜索引擎更大了。

尽管有些"专家"认为，客户现在拥有了对等信息；但事实上，这种对等有一定的局限性，只体现在那些关于公司的公开信息方面的对等，而体现销售人员价值的那些信息并不是客户在网站上轻易就能找到的。

网站上缺少的是你的销售团队的经验，是这个团队通过多年帮助客户而获得的敏锐的洞察力，是帮助客户完成某个范式转变的能力。当销售人员告诉客户他们应该怎么做，帮助他们通过一个更清晰的视角来看待他们关于未来的决定，从而取代他们过时的假设时，范式转变就完成了。

尽管客户在网站上永远无法获得你的销售团队的洞察力，但现在的事实是，你的客户花费了大量的时间在没有销售人员帮助的情况下，在网站上研究，以求获得最好的结果。

不确定性和现状

我们处于一个持续变化的、不确定性不断增加的环境当中。面对这样的环境，决策者们常常感到混乱和迷茫。除了知道马上就会发生变化外，对未来的预测变得越来越困难，对未来做决策也变得越来越有挑战性。当你面对不确定的未来时，避免改变会让你觉得安全，因为任何改变都可能会让

---

❶ DuckDuckGo 是由盖布瑞·温伯格（Gabriel Weinberg）创建的互联网搜索引擎。——编者注

事情变得更糟。如果真是这样，那么那些不想做出错误决定的决策者就会等到更有把握时再做出决定。在这些等待的人当中，很多人将发现自己会在同样的环境下，按照一个不由他们选择的时间进度，被迫做出改变。

而销售团队面临的问题是，这个日益复杂的世界带来的不确定性，即便有可能改变，也不太可能在短期内改变。你的销售团队与潜在客户之间的沟通断断续续，刚取得进展又陷入僵局的原因就在于，这些潜在客户已经学会了与他们熟悉的"魔鬼"共舞。那些已经得到客户承诺的订单会停滞不前或者永远消失的原因就在于，客户也面临着不确定性。

在销售中建立共识的困难

我还记得第一次走进一个客户的会议室，14 个人围坐在一张大桌子旁迎接我时的情形。一位高级主管介绍这个团队是"项目组"。在过去，你的销售团队可能会拜访"决策者"，即有权签署合同的人。而现在，因为领导者希望团队能够自主决定要买的产品，选择他们认为最适合的合作伙伴并对结果负责，所以会允许团队内部建立共识——或者越来越多的情况是，在几个团队中建立共识。

到最后，团队在这一困难的、混乱的、充满了政治斗争的过程中往往做不出任何决定。因为一些团队认为，共识就意味着一致决定，而不是简单的少数服从多数。你的销售团队可能从没接受过的培训是，在有多个决策者、决策影响者和利益相关者在场的情况下，如何进行销售沟通。即使有某种基本共识的框架，这种沟通在最好的情况下也是困难的，在最坏的情况下就是不可能完成的任务。你的销售团队面对的这群人，可能在是否要改变、如何改变，或者什么是正确决定方面存在分歧。而你却试图和他们达成共识。更重要的是，多人参与的销售沟通会改变销售流程。

非直线型的销售流程

销售部门一直使用直线型的销售流程来销售"解决方案"，这种情况持续了 34 年。事实上，设计这种销售流程并不是为了帮助客户，而是为了确保每个销售人员都遵循相同的步骤，在"关上门"进入下一个阶段之前，检查前面每个阶段的成果。2010 年年初，我在博客上写了一篇文章，承认我是一个"销售流程的不可知论者"。我的经验使我相信，在销售沟通的过程中，往往会碰到"无法获得详细提示"的时候。

许多买家发现，标准解决方案的销售流程存在不足，因此拒绝接受。有一点很清楚，买家和决策者并不愿意走过去的老路，这主要是因为他们发现很难应对内部的挑战，包括在内部达成共识。一个销售人员可能和两个决策者见过两次面，而在第三次见面时，却出现了第三个人，对于那个人的问题，销售人员在前面都已经回答过。到了第四次会议时，可能又少了一个决策者。这种非直线型的销售流程使销售人员在控制销售过程、帮助买家体验更顺畅的购买流程方面遇到了困难。这就引出了一个现实，那就是，买家的确有购买流程，但并没有所谓标准的买家购买流程。

销售业绩具有时效性

时间太宝贵了，不能浪费。当你接触某个潜在客户时，如果得到的只是拖延或者完全的背弃，那你就是在浪费时间。这对于收入增长会带来各种问题。一笔看似板上钉钉的订单会在数周或数月内毫无进展。

如果在年初就没有达到季度目标，那么即使你尽力缩小差距，到后面也会越来越困难。我不是在给你或你的团队成员找借口，重要的是你要知道，时间是一个重要因素，会导致你的收入增长出现问题。稍后，当我们探讨创造新机会的重要性时，你就会明白为什么。

竞争及其对销售业绩的影响

一个咄咄逼人的竞争对手进入了我所在的城市。他们开了几家店，并从老牌商家手里抢走了几个大客户。为了在市场上站稳脚跟，他们采用了"掠夺性定价"的策略。当时，我所在的行业相对较新，利润可期，这个行业对很多人都有好处。看到一个竞争对手在几个月内造成的影响，我感到非常震惊。随着新的竞争对手抢走了主要客户，老牌商家的利润率开始下降，而且下降的速度比我想象的更快。那些无法承受失去主要客户的公司也开始纷纷降价以留住客户。

我们通常没有意识到竞争对收入增长的影响，但我们可以通过低价格、新优势和高效的销售队伍来取代竞争对手，在一个区域赢得最具吸引力的客户。你还可能从正在竞争的新模式中找到"替代方案"。无论如何，竞争都会使公司难以增加收入。应对竞争最好的方法就是在销售沟通时保持高效，并为潜在客户创造更大的价值。

收入增长的内部挑战

外部挑战令人厌恶，而内部挑战同样可怕。然而，这些挑战也有积极的一面：你可以通过自身努力直接纠正它们。尽管如此，它们仍然令人讨厌，而且都会影响收入增长。

输在起跑线上：客户流失的高成本

从收入增长公式中可以看出，要获得收入增长，新的净收入要大于流失收入。我对这个挑战非常熟悉，我在某一年的第一个月就失去了我最大的客户，造成了 900 多万美元的收入损失。在弥补了这笔损失后，我在第二年的 1 月又失去了第二个大客户。而在那一年，要弥补 800 多万美元的损失并不容易。公司之所以设立"客户关怀"这个职位，就是因为客户流失会拖累收入增长。

当你不需要弥补大量的流失收入时，你会更容易获得收入增长。你肯定不希望新的净收入是为了弥补流失的 900 万美元的。为了应对这一挑战，公司需要所有的部门都要为减少客户流失做出贡献。你可能需要向高层管理者展示客户流失对收入增长的影响，让他们注意到客户流失的高成本。

潜在客户不足：创造的机会太少

仅次于客户流失，没有什么比一支获得不了潜在客户的销售队伍更能破坏收入增长的了。当将销售工作分解到它的本质层面时，我们会发现它由两部分组成：第一，创造新的机会；第二，追逐并赢得这些机会。如果不创造机会，你就很难赢得新订单。创造机会是赢得新订单的前提。

有些缺乏责任感的销售人员不喜欢给陌生人打电话以寻找销售机会，有些高级销售人员认为寻找新客户在某种程度上有失身份。然而，我们已经看到，还有些销售主管仅仅通过要求销售团队寻找潜在客户并创造新机会，就能实现收入增长。《领先增长》这本书会为你提供一个行动方案，利用它可以为团队增加创造新机会的次数。我们还将讨论如何赢得这些创造出来的机会。

业绩的差别

非销售人员很难理解为什么有些销售人员做起销售来游

刃有余，而有些销售人员却举步维艰。当两名销售人员在同一家公司工作，销售相同的解决方案，与相同的竞争对手竞争，享受相同的定价，并在同一个销售主管手下工作时，很难理解为什么一个人可以取得成功，而另一个人却只能勉强及格。

不同的销售人员的业绩是不一样的。当然有人可能会反对我说，"有些销售人员天生就有天赋，他们干起销售工作来易如反掌，而另一些人会随着时间的推移，成长为成功的销售人员"。偶尔，即使有天赋的人也会经历无法解释的低迷，而不那么有天赋的人也会获得一连串的成功。因此，我们需要通过建立问责制、加强沟通和进行技能培训来帮助不同能力的销售人员，让他们都能取得良好的业绩。

效率问题：赢单的比例低

在这本书之前，我的作品都是关于如何提高销售团队效率的。输掉的订单对于公司的收入没有任何贡献，但也没人能赢得每一笔订单。不过，销售人员输掉订单的大部分原因是他们在销售沟通中不够有效，而销售沟通是说服买家购买产品的主要途径。

销售团队效率低下在很大程度上是由于传统的销售方法不再适用于买家。

除了收入增长公式，还有另一个增长公式。该公式表明，销售人员的效率增长先于收入增长。对于这个说法的一种解释就是，如果你的团队能帮助你实现收入增长，那么他们早就帮助你实现收入增长了。你的团队表现得越好，你的收入增长就越大。

浪费时间：分心的事情太多

我在大大小小的企业中都见过这一现象。在某种程度上，某些销售人员就像是"母鸡妈妈"，赢得一个新客户后，就像孵蛋一样一直坐在上面。在某些情况下，这些销售人员就像为客户工作一样，像是客户公司中的员工。他们生成客户报告，交付并跟踪发货。他们唯一关心的就是保证这个大鸡蛋的温暖和安全。过不了多久，他们就会放弃开发新客户，只躺在这个客户身上睡大觉了。

销售人员分心的另一个原因是，公司也会要求他们做与销售无关的事情。由于销售人员与客户有联系，公司有时会要求他们收取逾期货款，而这本应由收账部门负责。当运营出现问题时，他们会找最优秀、最有能力的人来处理客户的问题。我敢打赌，你肯定不会去找公司的运营团队，说你的团队在约见新客户的任务中落后了，要求他们从自己的团队中找出一些志愿者给陌生人打推销电话（如果你这样做过，请回忆一下对方听到这个提议时脸上的表情）。销售人员真正从事销售工作的时间已经太少了。你必须保护他们的时间。

艰难的销售环境和收入增长的内部挑战要求你必须持续有效地领导你的销售团队，帮助他们在必要时改变理念和行为。本书为你提供了获得收入增长所需的思维方式、技能组合以及必要的工具。

如何使用这本书?

我是按照能把事情说得最清楚的方式安排这本书各个章节的。每一章都建立在前一章的基础上，组合起来创造出一个获得收入增长的连贯方法。不过，这并不妨碍你找出最能帮助你提高业绩的章节优先阅读，解决你急需解决的问题。你可能会发现，你需要优先阅读某两章或者某三章，然后再按顺序阅读这本书。

本书由四个部分组成。前三个部分组合起来，可以形成一种实现收入增长的连贯方法。第一部分是"增长的基础"，为你要采取的行动奠定基础。其中包括愿景、变革以及沟通，它们将为你所做的一切提供指导。第二部分是"负起领导责任"，涵盖了领导力的关键组成部分：领导风格、决策以及销售策略。它们会影响你为了获得收入增长所做的一切工作。第三部分是"问责制、人员及效率"，讨论了问责制，包括如何培养责任感、应该使用什么制度来支持问责制，以及如何确保团队中的人员高效地工作。它还包括如何提高团队成员的效率，以及如何创建可靠和准确的订单预测，这是对问责制的支持。最后，本书还有第四部分"放眼未来"，帮助你明确前进的方向。它包括很多具体的、实用的技巧，你可以利用它们保护你的销售团队，调整工作节奏，这样你的团队成员就可以最大限度地发挥他们的潜力了。

　　领先增长是一个持续性的努力过程，它需要你找到自己的节奏并坚持下去。当你读到最后时，你会再次回到起点。你将和你的团队成员一起，继续进步和成长。

第一部分
增长的基础

在开始执行任何增长计划之前，你都需要打造坚实的基础。这个基础由 3 个主要部分组成：愿景、变革以及沟通。愿景就像一张蓝图，告诉你要去的地方。愿景也是一个工具，可以用来确保你的增长计划是连贯的、清晰的、前后一致的。变革是你为了达到增长目标而必须做的事情，它是愿景背后的行动。沟通是你与你的团队成员分享你的愿景，并让他们参与到变革中来的过程。

第一章

愿景

　　领先增长，也就是实现收入增长，它始于你对未来的愿景。我们要把制定愿景放在第一位，因为它是之后一切事情的基础。你的脑海中可能没有对未来的规划，你可能不完全明白自己会如何打造未来，但所有这些都会在你制定愿景时，成为你关注的焦点。没有愿景，你根本不可能实现收入增长。因为愿景不仅仅是理想，它还是一个目标，一个变革的理由，一个为你的销售团队设定的新的标准。如果你看不到前进的方向，那么你的团队成员也看不到它。

　　营销收入应该是你愿景中的一部分，但不是全部。当你的愿景足够吸引人时，你就为你的团队成员创造了一个机会。他们会追随你，一起参与探险；他们可以做出改变，获得成长和进步，亲身参与某个重大事件。主动参与比被动服从更有力量，因为它需要全身心地投入。而被动服从，是因为必须做这件事，但不一定真心想做这件事。当你赢得了团队的真心拥护，那么他们做的事情就不仅仅是打卡和走过场了。他们会与你并肩工作，把你的愿景变为现实。

　　这本书的大部分内容就是揭示收入增长的机制，告诉你提高销售额的方法。这一章将帮助你制定自己的愿景。这个愿景一开始只是你一个人的，但之后会成为你和团队共同的追求。

你要实现什么愿景？

你必须从看似无穷无尽的可能性中选择自己需要的东西。这个过程对大多数人来说要么很简单，要么几乎不可能。必要的话，你可以参考你以前的愿景并进行调整，来适应你和你的团队，以及你的目标。在后面的章节中，我们将探讨如何使你的销售愿景与公司层面更宏大的目标保持一致。有些领导者在不需要提示的情况下就知道自己想要什么，这让他们很容易发现自己的愿景。而另一些人甚至连大致的规划都没有。作为一个销售主管，我来分享一下自己多年来积累下来的愿景，作为一个示例。

- 我们要确保从大客户那里获得收入增长。这些大客户认为我们的产品和服务具有重要的战略价值。
- 比起任何竞争对手，我们都能创造出更大的价值。我们不需要回答"为什么选择我们"这个问题，因为我们在销售沟通中已经证明，我们就是客户最好的选择。
- 我们基于敏锐的洞察力，以提供咨询的方式帮助客户转变范式，使他们认识到转变的必要性。
- 我们每天都花时间寻找新的客户，安排见面，创造新的机会。
- 我们有一种积极的问责制文化，团队中的每个成员都能承担起自己的责任。

- 我们控制销售过程，为客户的购买流程提供便利。我们帮助他们为他们的公司做出最佳决策，确保他们取得成功。
- 我们的价格高于竞争对手，因为我们提供的服务值得客户投入更多。
- 我们不断发展、成长并帮助客户，为客户建立档案，帮助他们变得与众不同。
- 我们是行业内效率最高的销售团队。

关于如何设置你自己的愿景清单，你最好从收入增长的目标开始。事实上，在我的清单上，我列出的每一点都是以某种方式服务于收入增长！提醒一下，你不用担心第一次尝试时，这个愿景清单不够完整、准确。它会随着你对愿景的追求而发生变化，也会随着你的前进而变得更加清晰。

为什么要实现这些愿景？

美国作家兼环保主义者爱德华·艾比（Edward Abbey）说过："为了增长而增长，就像癌细胞一样。"

当你明白自己为什么想要实现这些愿景时，创立这些愿景就会变得更容易。我的建议是，不要把金钱作为你愿景的主要动机，因为那样会失去太多人的支持。同样，不要说"为我们的股东创造价值"这样的话，因为只有董事会成员才会觉得，任何人都希望富人变得更富。我对你的销售人员是否叫得出 3 位董事会成员的名字、是否知道公司任何一个机构投资者的名字都持怀疑态度。对于为什么要制定愿景这件事，一个比较好的理由是"能充分发挥我们的潜力"，或者"为客户做出更大的贡献"，或者"成为我们公司或行业中效率最高的销售团队"。

再拿我的一些愿景举例。

- 我们致力于服务大客户，因为我们可以改进他们的整体业绩，为他们带来最大的改变。在必要时，我们也会帮助一些小客户。

- 我们在销售沟通中可以创造更多的价值，因为我们的方案和经验提高了客户的决策能力，从而改进了他们的业绩。

- 因为我们的经验更丰富，所以我们的洞察力可以帮助客户避免可能的错误，不至于损害到他们的业务。我们让客户从更好的角度观察他们的业务，引导他们获得更好的结果。

- 我们每天都在开拓新的市场，因为仍然有客户需要我们的帮助，而我们还没有接触到这些客户。

- 我们为客户的购买流程提供便利，以防他们无法走完这一流程。我们通过咨询和建议，和他们进行必要的对话，帮助他们解决问题。

- 因为我们优先考虑销售工作的效率，所以我们总是在培训和发展核心业务能力。

- 客户的业绩和我们的收入增长可以证明我们的效率。

● 我们喜欢现在的工作，我们知道我们的工作能够带来改变。

确定团队的全部潜力

创立愿景的一个好方法是明确指出团队的全部潜力。想象一下，如果你的团队中的每个人都充分发挥了自己的潜力，会是什么样子。虽然我不了解你和你的销售团队，但我敢肯定，即使是最优秀的销售人员也有未开发出来的潜力。在正确的指导下，一些拖后腿的销售人员也可以获得进步。事实上，我见过一些业绩平平的员工在离开一家公司，进入另一家公司后，变成了全明星销售人员。

一开始，并不是团队中的每个人都能理解你的愿景。一些人会意识到你在追求改变，但他们坚持认为你的愿景不过是心血来潮，你会在几周内忘记这些东西，他们会耐心地等待你放弃。另一些人则难以投入，因为他们不确定自己是否能够满足你对他们的要求。当然，还会有一些人看到你的愿景后会感到兴奋，期待做一些比"上班打卡"更有意义的事情。

明确创立愿景所需要的改变

为了创立你的愿景，你必须弄清楚，自己需要做出哪些改变，以及你的团队需要做出哪些改变。你可以从一个思想实验开始：想象一下你正在组建一支全新的团队，需要在一两周内开始工作。团队成员从来没有和你一起工作过，也不知道等待他们的是什么。你对这个全新的团队有什么新的、对现有团队没有过的期望？你会坚持让他们做些什么来实现你的愿景，并确保你的收入增长？

　　一位高级销售主管曾经告诉我，他打算撤换整个销售团队的成员，重新开始。我的经验告诉我，除了裁员和招聘新的销售人员明显会遇到挑战之外，他的业绩不会有任何改善。然而，我还没来得及思考便脱口而出："如果你要换第三批人，你打算怎么办？"那位高级销售主管吃了一惊："你这话是什么意思？再说一遍，我不明白你说的是什么意思！"我解释道："当你雇了第二批销售人员，遇到了和现在一样的问题，然后你可能会继续解雇他们，再雇第三批销售人员时，你该怎么办？"他并没有笑，因为他明白我是在指责他和他的销售经理，他们没有和自己的团队取得一致。

　　把一切推倒重来的确很诱人，但前面这个故事告诉我们，你必须从你现在的位置和现有的人员开始做起。这并不意味着你团队中的每个人都希望帮助你实现你的愿景，也不意味着你要留住那些对成长、发展甚至收入增长不感兴趣的人。有些人可能会为不得不改变而心生怨恨，特别是那些只知道低标准的人。他们以前可以这样，但现在不行了。随着时间的推移，让那些愿意帮助你实现愿景的人加入你的团队，会变得越来越重要。

　　无论你从哪里开始，我都可以告诉你，你的愿景和收入增长面临的两个最大的威胁是：第一，销售机会太少（这是关于销售活动和团队效率的问题）；第二，赢下的订单数量太少（这是效率问题）。幸运的是，你将在本书中找到这两个问题的答案，以及更多可以帮助你实现成长目标的策略。

创造建设性的张力和积极的摩擦

愿景的实现需要团队成员做出改变，这是建设性的张力和积极的摩擦发挥作用的地方。如果在你现在的状态和未来的状态之间没有张力，你就无法实现自己的愿景。这种张力在很大程度上源于你要求团队在行为上做出的改变。事实上，没有张力可能意味着你的团队没有采取新的行动，这会对你的愿景和收入增长构成威胁。你可以把张力想象成蹦床。当有人踩下蹦床时，金属弹簧会释放弹力，把人抛向天空。例如，当你强迫你团队中的销售人员给潜在客户打电话推销产品时，你肯定会遇到阻力。你还会碰到一些人，他们不愿意改变自己的销售方式，或者对你的新标准不感兴趣。

当团队成员拒绝或反对你的愿景时，你们在沟通中就会出现摩擦。他们经常会说没必要做出改变，而你会拒绝妥协，坚持推进那些能带来收入增长的改变。在任何变革的倡议中，你都会遇到阻力，这是必然会发生的事情。这是一种积极的摩擦，因为它会引起对话，讨论你们对未来的看法。即使只有一两个销售人员反对你的变革，你也要为自己的变革辩护，不管这些变革是什么，也不管是哪些人造成了阻力。很多时候，为了让别人遵守你提出的更高的标准，你可以主动制造一些摩擦。事实上，我敢打赌，如果每个人都一言不发地附和你，你的任何改变都不会成功。

很难让一个人相信，他们一直做的那些事情已经不够好了，尤其是当他们认为做这些事情正是他们成功的来源时更是如此。就像一个错过了行业发展转折点的客户一样，你的销售团队很难相信一直以来"足够好"的东西已经不再足够好了。然而，如果你过去的做法真的能增加收入，你现在就不需要新的愿景了。事实上，当你提高标准，希望每个人都发挥出自己的全部潜力时，你无法保护你的团队不受建设性的张力和摩擦的影响。这些张力和摩擦源于你的高标准，源于你对每个人的期望，源于对他们全部潜力的发掘。如果在你的新期望和现状之间没有张力，你就可能失去你的愿景。

你需要制造摩擦来明确这一点："有些事能让你走到现在，但不一定能助你通向未来。"你可以这样想：在此之前，你做的一切都很重要，它让你来到了现在这个位置，你有机会开启一段通往更好的未来和更好的结果的旅程。你和你的团队成员需要做好准备，为实现愿景而做出改变。如果出于某种原因，你们没有做出这些改变，那么请继续阅读下去，你会发现你需要的东西。

建设性的张力和积极的摩擦会让你前进。如果你能通过沟通来克服阻力，你们就会一起实现你的愿景。

告诉团队成员，他们未来的样子

在我们的内心中，身份和归属感都是至关重要的：我们想知道自己是谁，属于哪里。告诉你的团队成员他们未来的样子可以帮他们认识到，一旦加入这个团队，他们将获得新的身份，并属于一个比以前更卓越的团队。

身份和归属感会吸引他人加入你的团队。如果你只想赚钱或者完成某个销售目标，那么这种吸引力就不存在。能够加入你的团队，说明他们一定有过人之处。你的愿景应该让你的团队与众不同，不仅因为团队追求的目标不同，还因为一些团队往往缺少实际行动。在工作中有太多的人因缺少愿景的指引而未能将工作做到最好。你可能就在缺少愿景的公司工作过！你的愿景需要保护你的团队避免沦落到这种地步。

作为一名领导者，如果你的愿景能够激励下属，让他们以你为榜样，看到你总是尽力而为后，也跟着做出最大的努力，那么他们的敬业程度会有多大的提高呢？你获得的拥戴会增加多少呢？作为一名员工，你是否愿意追随这个愿景，成为精英团队中的一员，致力于提高自己的效率，对客户的业务产生更大的影响，并在产出和收入上实现飞跃呢？

有了新的身份，你就不会做不符合这个身份的事情了。你会按照新的理念和行为方式做事。你的愿景不是简单地在一个新项目中赋予团队一个新的身份，而是应给出一个改变他们的承诺。

了解你的愿景面临的威胁

你的愿景面临的第一个也是最大的威胁是虎头蛇尾。具体来说就是，当你接近你的愿景和收入增长目标时，你可能会放松张力并减少摩擦。即使你取得了一些成就，但张力仍然是必要的。当你放松张力时，你的团队很容易倒退，把你实现愿景的希望推迟到遥远的未来。

我们经常高估自己在一天、一周、一个月或一个季度内能完成的事情，但我们经常低估自己在一年内可以完成的事情，而且更会严重低估在 3 年内可以完成的事情。你要做的是持续多年的改变。这是因为，只要他们还在你的领导之下，你的新规则就将帮助你和你的团队实现这些愿景，保持收入增长。

总会有障碍和挑战威胁到你的愿景，你必须保持警惕，跟踪和消除任何可能危及它的东西。其中就包括不利于收入增长的理念和行为。如果你的业绩没有改变，原因就在于你的团队没有保持适当的、建设性的张力；他们（也包括你）默认了一个过低的标准，按照这个标准，根本无法实现你的愿景。

为了开始变革并建立一支能够实现收入增长的团队，我们来看一些正面的、能够吸引他人积极参与的策略。

13 个能够吸引他人积极参与的策略

几年前，我找到营销专家赛斯·高汀（Seth Godin），询问他吸引他人积极参与的策略，以及积极参与和被动服从之间的区别。赛斯很友好，特地写了一篇博文来阐述这个强有力的思路，这反过来又激励我想出了 10 个能够吸引他人积极参与的策略。加上赛斯提出的另外 3 个策略，构成了你在这里看到的列表。

- **理解并帮助探索者实现梦想**。每个人都有梦想。为了吸引你的团队成员积极参与，你需要知道他们想要什么。一个好的领导应该非常了解自己的员工，知道他们想要什么，并帮助他们实现梦想。当你帮助一个探索者实现梦想后，你可以更容易地吸引他人参与到你的愿景中来，因为你的愿景为他人提供了实现梦想的途径。

- **为他人指明未来的方向**。当你为他人提供了一个建设更美好未来的机会时，让他们参与进来就意味着为他们提供了通往未来的路线图。在这种情况下，你的愿景也应为他们规划更美好的未来，而不仅仅是为你的公司规划更美好的未来。将你的愿景与每个人的美好未来联系起来，这么做，你就能赢得他们全身心的投入。如果不这样做，就只能获得别人的被动服从。作为一名领导者，你有责任帮助每个人找到实现他们愿景的道路。

- **认清身份地位**。一定的身份地位会让他人愿意或者不愿意参与进来。当有人认为参与进来会提高他们的身份地位时，他们会更愿意参与。那些认为参与进来会威胁到他们地位的人可能就会避免参与。你必须激励那些通过参与能提升自己身份地位的人，同时也要确保那些抱有怀疑态度的人，在参与进来之后，可以保持或提高他们的身份地位。

- **发现并承认他人的忧虑。**人往往会担心变化，哪怕那是积极的变化。他们可能担心自己没有准备好，自己不够好，或者害怕自己会让别人失望。作为领导者，你有责任减轻他们的忧虑。就像一个潜在客户在你帮助他们解决问题之前无法前进一样，那些忧虑没有得到解决的人很可能不会积极地参与。要让他们知道，当他们需要你的时候，总能找到你。

- **邀请他人一起去探险。**有时我们会把变革的原动力搞错，特别是当我们仅仅把变革当作一种解决问题的方法时，更容易如此。虽然这可能是对的，但一味强调问题并不是吸引他人积极参与的最佳策略。你邀请他人参与的是一场探险，一场提供新的体验和开辟新的道路的机会。这场探险要优于现状，才会鼓励他人更多地参与。毕竟，优秀的领导者是不会固守现状的。

- **在旅程开始时创造引人入胜的体验。**为了使你的愿景具有吸引力，你需要创造出一种引人入胜的体验，鼓励团队成员迈出第一步：一起开会做个规划，进行一场独特的培训，或者其他让你的团队感兴趣和兴奋的事情。无论你是从分享你的愿景开始，还是邀请你的团队参加"规划未来"研讨会，一起为创造未来而制订计划，这样具体的体验要比一封要求他们参与的冗长的电子邮件更能引起互动（也更有效）。

- **庆祝新成员的加入**。那些选择积极参与的人有一个共同特点：渴望加入一个接纳他们的组织。每个组织都有庆祝新成员加入的活动。这可以帮助新成员摆脱过去，开始新的旅程，建立新的身份。

- **给参与者安排有意义、有价值的事情**。参与者需要有机会为有意义、有价值的事业做出贡献。收入增长可能是激励你的东西，你和你的团队可能会从你的成功中受益。然而，你会发现，受到金钱激励的人比较少，更多的人是为了有机会做一件有意义、有价值的事。你必须为参与到你的愿景中的人提供意义和价值，这样你就可以谈论比金钱更有价值的东西了。你的吸引力应该体现在为他人创造的价值上，以及你如何通过帮助客户成功来为团队的成功做出的贡献上。

- **告诉参与者他们会如何成长，以及这意味着什么**。在很多故事中，主角并没有做好准备迎接挑战，但他们总能找到自己的"尤达大师"❶，总会有人指导他们完成任务。你需要帮助团队成员做好准备，以迎接更困难的任务。当变革开始时，没有人会和以前一样。人们都会在变革中成长。

---

❶ 科幻电影《星球大战》中的一位德高望重的重要人物。——译者注

- **专注于得到参与者的承诺**。当参与者对你做出承诺时，你的领导力就会发生重大变化。在很多情况下，你对参与者的要求都是服从。如果缺乏承诺，就有可能走回到老路上来。对改变做出承诺，比仅仅因为别人对你的期望而去做某事要有力量得多。做好这一点，你就能提升大家的责任感。

- **滋养参与者的心灵**。每个参与到你的变革中的人都需要你滋养他们的心灵。换句话说，你必须以一种能够满足他们需要的方式分享你的愿景，包括肯定和鼓励，告诉他们眼下做的事可以让其他人的生活变得更好。这是大多数领导者都没有做到的事情。

- **丰富内心的体验**。通过参与，你从局外人变成了局内人，所以你自己的生活会变得更加丰富。加入一个致力于改善业绩、渴望有所作为的团队，比更新客户管理系统要有意义得多。

- **培养能够激励他人参与和改变的领导者**。领导者不仅有追随者，他们也能培养出其他的领导者。当你吸引他人参与到你的愿景中时，你就创造和培养了未来的领导者，他们同样可以激励其他人加入。你可能打破了历年收入增长的纪录，但你留下来的东西可能会远远超过收入增长。他们可能是那些在你的领导下成长起来的领导者，他们现在正准备为其他人做同样的事。

你的收入增长目标

在这一章的结尾，我们必须谈谈如何建立收入增长的目标。下面是收入增长公式：

现有收入–流失收入 + 新的净收入 = 收入增长

我们假设你的目标是每年增长 12%。假设你去年的收入是 1200 万美元，但你知道你会因为客户流失而损失 200 万美元。现在，不去考虑为什么会有收入流失，因为你以后会找出办法对付它。现在你只剩下 1000 万美元的现有收入了。要基于此实现 12% 的增长，就意味着你还需要 120 万美元的净收入。这可不是你理想的增长方式。

不过，让我来告诉你，为什么不应该把 12% 的设定为增长目标：这个目标还不足以让你或者你的团队做出任何重大的改变。如果你的目标没有让你问自己："我到底应该怎么做才行？"那这个目标就不够高。如果你定了一个 25% 的目标，但只做到了 19% 的增长，那么这也好过你没有提高目标，只设定了一个 12% 的目标。我知道的一个销售部门希望在现有的 1000 万美元的收入基础上再增加 10%。我建议他们把目标定到 2000 万美元。他们没有达到目标，但最终做到了 1700 万美元。

最终，你的愿景中将包括一系列确保你达到目标的成果，以及一些理念和行为方式。它们将为你创造机会，实现新的、积极的，甚至有些惊人的目标。让我们开始吧！

第二章
CHAPTER 2

变革

所谓变革，是指一种"破釜沉舟"式的改变。它不是渐进式的变化，而是一种革命性的变化，一种和过去一刀两断的变化。当你把自己的退路堵死，除了奔向未来，你无处可去。

你的愿景是变革的起点，也是你通向收入增长的道路。必须进行变革的原因有两点。在某些情况下，因为一个销售团队正在经历失败，所以必须进行变革，改变他们现有的做法，才能提高业绩。但更多的时候，一个销售主管决定进行变革，是因为他意识到自己的团队还有潜力，可以实现更好的业绩。在这两种情况下，提高业绩的唯一方式就是清晰地阐明和坚定地实施你要变革的愿景，以此来领导你的团队。

电影依靠蒙太奇的手法让事情看起来进展迅速，但真正的变革从来都不会快速、轻易地实现。变革不是给团队发一封你要进行变革的电子邮件就能完成的事情，也不是培训一下团队如何提高给新客户打电话的能力后就能完成的事情。这些都不可能推动团队从优秀到卓越再到伟大所需的行为方式上的变化。在第一章中，我们看到了变革的阻力，以及吸引团队参与到你的愿景中来的几种策略。你要想尽一切办法，投入时间和精力，邀请他人加入这场探险中来，一起把事情做大。然而，无论如何吸引团队成员，如何通过建设性的张力和积极的摩擦来发挥作用，你仍然会面对某些玩世不恭的人、怀疑论者和潜在的顽固分子的抵制。

变革的阻力

你可能早就知道，谁会抵制你的愿景。然而，只有当领导者坚持推进，让团队中的每个人都做出改变，从而产生更好的结果和更大的收入增长时，变革才有可能成功。为了避免让这些唱反调的人得逞，你必须留意这些阻碍有效变革的障碍。

- 在管理上缺乏意志。毫无疑问，无论你对变革多么积极，这仍然是一场关于意志的战斗。良好的领导力包括管理团队的意志，以及拒绝让销售团队中的任何人篡夺自己职位的决心。输掉这场意志的战斗，即使是在一件小事上输掉，都可能让你的变革半途而废。

- 没有一视同仁。你可能有业绩很好、意志坚定的员工，坚持认为他们做得很好，不用参与到你的变革中来。不要相信他们。允许任何人退出你的变革将导致其他人认为变革是可选项。你的变革必须是强制性的。

- 被习惯的强大力量所拖累。当一个人长期以同样一种方式做事时，习惯的力量是很难抗拒的。你的变革需要去除那些阻碍团队收入增长的旧习惯，养成确保收入增长的新习惯。

- 分心和失去专注。最近，我看到两家大型销售机构让他们的全部销售人员脱产在线上进行培训。他们花在这种管理项目上的每一秒都是在浪费创造和赢得销售机会的时间。这就像让你的足球队离开球场去洗熨每个人的队服一样。

- 行为方式没有改变。大多数寻求变革的销售主管都希望获得新的、更好的结果，而不必让他们的团队改变行为方式。在不改变行为方式的情况下实施变革的成功概率是 0.0%。

- 过早地结束变革。一些销售部门看到了变革的初步结果，但在越过终点线之前就放松了下来。早期的成功是令人鼓舞的，但只有当你有了愿景并实现了收入目标时，才能确保你已经变革成功了。

成功变革要遵守的规则

除了避免这些陷阱外，还有一些关于变革的规则可以确保你的成功。随着时间的推移，即使是简单的规则也很难一直坚持下去，但它们都是很有必要的。做个计划，在读完整本书之后再回到本章，这样你就可以在进行变革的过程中随时排除障碍了。

规则 1：以身作则

在领导团队完成变革的过程中，对你而言最重要的是以身作则，成为第一个做出改变的人。很有可能的是，你一直在模仿（甚至是无意识地模仿）领导过你的销售主管的做事方法，而不是建立自己的愿景。但他们可能从未试图吸引过你参与到某个变革计划中来——就像你一样，他们也只是上班打卡而已。

你越需要你的团队做出改变，你自己就越需要率先做出改变。首先要改变的是你与他们交往的方式，包括你对他们的期望以及你对他们更高标准的要求。在读完这本书后，你会学会不同的沟通方式，会在不同的情况下使用不同的领导风格。这两种做法都会使周围的人看到你的改变。

没有人可以在自己还没有接受一个愿景的情况下，把它推销给别人。从没有一个卓越的领导者会在不改变自己的情况下说服别人改变。如果你想改变你的团队，就必须以身作则：你要先迈出第一步。

我曾经在发表主题演讲后主持了一个有 700 名销售人员参加的研讨会。在我发表主题演讲时，整个销售团队的主管们都坐在前两排的桌子旁听讲。然而，研讨会开始后，他们都一起走出了房间。我惊呆了。这些销售主管不仅不知道如何支持他们的团队，也不知道应该对他们的团队有什么期望，他们还向所有 700 名销售人员传达了这样一个信息：你们正在学的东西并不重要。

我见过的最好的销售主管甚至比他们的销售团队更投入。他们以身作则，尤其是正在实现的是他们自己的愿景。如果你可以率先做出改变，那么你就有更大的力量改变你的团队。

规则 2：先问为什么

我一直不明白，为什么销售人员——一个花费大量时间帮助客户改变的群体——对改变自己如此敏感。如果你问一百个销售人员，他们的潜在客户是否应该改变自己以提高业绩时，你会得到一百个肯定的答案。如果你问这些人，他们自己的公司是否应该改变，你会被几十条如何把事情做好的建议淹没。

如果你问你的团队，他们自己是否应该改变时，你得到的都是借口——或者是沉默。有的人会认为，所有的问题和挑战都是别人造成的：不肯投资的潜在客户、有不同意见的客户、手段下作的竞争对手、工作不努力的同事。他们很难相信，自己是这些问题的主要根源。有这样一句谚语："你现在的样子就是完美的，只需要稍做改进即可。"

如果自己不做出改变，你将很难开始变革。你的愿景（至少）提供了一个变革的理由，但还有其他理由，比如外部力量使销售变得更加困难。这在很大程度上是因为决策者和买家发现购买流程更具挑战性。也许你认为现在的结果已经很完美了，但你仍然没有充分发挥出你的潜力。

不管怎么说,"为什么要变革"必须排在"要变革什么"之前。

规则 3:找到新理念

"模因"(meme)这个词听上去可能会让人想到小猫爬上窗帘的有趣视频,或者一个永远心烦意乱的男朋友的照片。但这个词实际上是进化生物学家理查德·道金斯(Richard Dawkins)在他的著作《自私的基因》(*The Selfish Gene*)中创造出来的。道金斯认为,某些理念会传播开来,争夺人们的心灵和思想。这些理念(以"模因"为单位)就像基因一样,会繁衍和传递。霍华德·布鲁姆(Howard Bloom)在后来的《路西法效应》(*The Lucifer Principle*)一书中指出,最强大的"模因"有一种自我保护机制,这会让它们难以摆脱。

建立一套新理念的主要障碍是,你已经假设自己做了几年或几十年的事情是好的、正确的。当你的销售团队问你"为什么要改变"时,你的答案必须表明,虽然你们过去做的事情在当时是正确的,但你们现在需要改变,以应对行业和市场的新挑战。这避免了浪费时间徒劳地纠结过去所做的事情,并让每个人都专注在未来的营销收入上。

为了实现你的愿景,你必须抛弃过去的理念,找到支持目标的新理念。我在第一章对愿景的示例中,列举了这些理念:"比起任何竞争对手,我们都能创造出更大的价值。我们不需要回答'为什么选择我们'这个问题，因为从我们的销售沟通中已经证明，我们是最好的选择。""我们的价格高于竞争对手，因为我们提供的服务值得客户投入更多。"除非能树立起支撑变革的新理念，否则你不会成功。这些理念构成了你迈向收入增长之旅的核心。

规则 4：新的成果需要新的行动

变革的核心是新的成果以及销售团队为了实现这些成果而采取的新的行动。有些成果可能只对你的团队适用，但如果希望获得收入增长，你必须获得两个主要成果：第一，创造更多的新机会，从而带来新的净收入；第二，赢下更多的订单，从而带来新的净收入。获得这些成果需要的行动可能包括寻找更多的潜在客户、采取更有效的销售方法，以及作为销售主管的你与团队更深入地融合。

改变心灵和思想很重要，但你变革的核心是新的行动和新的成果。如果没有新的行动和成果，比如带来收入增长的基本销售活动的显著增加，就不可能有新的业绩。在变革中，你要在教导、培训、鼓励、指导和要求新的行动（或者更多正确的行动）上投入最多的时间和精力。

这里的挑战在于防止个别销售人员回到老路上。你需要确保团队做的是新的事情，而不是以前那些让他们感觉习惯和舒适的事情。没有新的行动，就不会产生新的成果，也不会达到你的目标。

　　你要改变现有的客户管理系统，突出这些新的行动，把团队的新行动和这些行动的结果放在优先地位上。如果你正在采用新的、现代的销售方法取代过时的、传统的方法，这一点尤为重要。同样，认可并赞扬那些为变革真正出力的人，会鼓励其他人也这样做。

　　这些行动上的改变会成就你的变革，也会破坏你的变革，特别在它们让你实现目标的过程变得具有挑战性的时候更是如此。对许多销售主管来说，最重要的新的行动是：第一，积极寻找潜在的客户；第二，谨慎对待客户的主动咨询。此外，还有很多销售主管需要改变销售人员跟踪机会的方式。我们将在后面第十章讲到销售效率时讨论这一点。

规则 5：捍卫你的变革

　　变革伴随着风险，其中一些销售人员可能会选择离开你的团队，而不是参与到你的愿景中来。毕竟，变革意味着做更多的工作，包括改变理念、参与新的销售活动。在你的团队中，可能有个别销售人员认为别人家的饭更香，但他们可能没有意识到，你的竞争对手（也就是他们的新老板）早已经在用更高的标准、更高的期望要求自己的团队成员了。但不管他们因为什么离开，可以肯定的是，任何不想改变的人都不会对你有多大帮助。有时候，对个人或一个小团体来说，离开比留下来时刻和你作对、时刻反对你的愿景要好得多。

同样，你可能会在公共舆论中受到挑战。在这种情况下，你必须当场捍卫自己的愿景。无论谁发起攻击，你都不能对他们的挑战置之不理。这里没有绥靖政策，没有谈判，也没有私下交换意见的承诺。最好的方法是立即、直接地应对任何挑战。任何犹豫或回避都会让你失去信誉，这要求你必须学会礼貌而专业地处理冲突。

为了捍卫你的愿景和目标，你可以使用下面一些说法："我已经做出了决定，这是我们前进的方向。虽然我总是愿意倾听对我们这个计划的改进意见，但在我们前进的方向和需要做的事情上，我不会和任何人浪费口舌。"在第四章，我会向你介绍几种领导风格，你需要充满自信地说出上面的话。

你可能还会发现，有一小群人安静地躲在暗处破坏你的变革。他们悄悄地对其他人说，他们正等着"风头过去"。当你听到这样的声音（你一定会听到的），一定要找出罪魁祸首。任何破坏你提议的人都必须同意停止散布反对意见，否则就离开团队。

我希望没有人阻碍你的变革，但我的工作就是确保你知道你将要面对什么。没有理由留下任何不会为你的愿景做出贡献的销售人员，更没有理由留下任何积极反对你的人。

规则 6：快速变革

为了确保成功，不要在变革时瞻前顾后。一旦决定了，你就没有退路。

我十几岁的时候，会和朋友们花很多时间出去露营和划独木舟。每次都一样，总会有人在某个时间点上，把独木舟弄翻，把所有人抛入水中。但我不会惴惴不安地等待船翻的那一刻，而是养成了习惯，刚上船没两分钟就把船弄翻。一旦所有人都湿透了，我们就可以继续安心玩下去了。

你越能快速地执行变革，成功的机会就越大。拖延下去只会威胁到你的业绩。你最好把人都扔进深水区，让他们行动起来，而不是让他们有机会逃避变革。在这个牌桌上，没有人有机会说"部分参与"——要么全身心地投入，要么退出。

作为领导者，你必须控制节奏，快速做出改变。你可能不记得百视达公司（Blockbuster）当年试图先保留实体店，然后慢慢增加在线业务时发生的事了。因为故步自封，他们行动得很慢，最后完全停了下来。如果你手里还有当年租百视达的录像带没有还，现在可不用担心滞纳金的事了。

规则 7：成功的决心

在谈论你的愿景和你的变革时，我们已经碰到过一个非常现实的问题，那就是你的团队中会有一些人不同意你的愿景，不愿意做出达到你要求的结果所需的改变。那就只能认定一点：你是领导者，这是你的愿景。你必须有成功的决心。

在你和不想改变的员工之间，可能会有一场意志的较量。你的决心必须大于你受到的阻力。你有充足的理由去听取那些对你的愿景和执行计划做出积极贡献的人的意见。然而，一旦决定变革，再接受任何反对意见都是错误的。

一种选择是，让那些可能拒绝变革的人作为变革的领导者参与到变革中来，只要他们有合适的能力和正确的态度就可以。如果这是不可能的，那你可能需要坐下来和他们解释，希望他们支持你的提议——而且让他们知道，你已经决心做出改变，不管有没有他们的支持。

如果输掉了意志的较量，你就输掉了你的愿景。稍后，我们将讨论如何做出困难的决定，以防在收入增长方面出现问题。

规则 8：关注进步

一总是在二之前，二总是在三之前。这就是进步的本质。

如果能一次性地完成所有变革，整体更新你们的销售方法，准时打卡下班，那就太好了。然而，即使你快速地推动变革，仍然需要投入大量的时间和精力才能让变革发生。追求完美——哪怕是近乎完美——的领导者肯定会失望。因此，与其追求完美，不如关注进步。如果你看到进步，那就意味着事情在向好的方面发展。如果看不到进步，你就需要干预，增加投入，通过做更多的事情或提高效率来推动下属迈向未来。

在某些时间点上，你会发现自己停滞不前，没有看到任何明显的进步。在实现愿景的过程中，你可能遇到几个停滞期。你将不得不戳、刺、挤压你的团队，让他们继续往上攀登，哪怕地面看起来很平。

不管进步有多小，都值得庆祝。即使是一个小的收获也证明你在进步，你必须辨识出这些进步。抓住每一个机会表扬那些取得进步的人。这将有助于把你的变革维持下去。

规则 9：一千比一

一件事要说上一千遍，才会形成一次行动。而且不是团队中的每个人都有一次行动，而是只有一次行动。这确实有些夸张，但太多的销售主管在进行变革时高估了团队成员的服从程度。这个问题必须得到迅速的纠正。就像蹒跚学步的孩子总是不想午睡一样，当销售主管与一些销售人员沟通时，他们只会选择性地倾听。即使他们听到了这些话，理解了你的要求，点头同意，甚至挤出了一个"是"字，但他们的行为仍然没有改变。

不要以为只要告诉一个人你需要他做什么，他就会立刻去做。你必须在整个过程中不断地和他们进行反复甚至过度的沟通（不用担心，第三章将详细介绍这一点）。换句话说，你需要采取行动，永远不停地与销售人员沟通你想要什么，你需要销售人员做什么。

规则 10：重新定位你与团队的关系

在我们进入下一步、展示一些示范性的话术之前，我们还有另一个关于变革的重要规则要处理：实现你的愿景意味着重新定位你与团队的关系。很少有销售主管能够提供一种领导力，帮助他的团队充分发挥自身的潜力。毕竟，每个销售主管都有很多事情要做，还会不断受到干扰以及处理超过他们应得份额的紧急情况。而且，你可能是那种有内在动力去努力工作并对自己做出的承诺负责的人，所以你也希望你的员工像你一样做事。

在法律辩护中，有一种情况叫作"放弃权利"（Waiver）。也许你在合同中见过这样的条款，比如"不执行上述条款不被视为放弃权利"。假设你的客户连续五年每周都会接到你的货物，即使与规格稍有不符也会签收。但在第六年的第一个星期，他们拒绝接受你的货物，并拒绝支付运费，理由是货物不符合规格。你惊呆了。不是因为你的货物出现了问题，而是因为你的客户连续五年接受货物且不置一词。他们不应该早点说些什么吗？所以从法律上讲，你可以争辩说，因为你的客户对你的货物不符合规格没有说过一个字，所以他们现在已经放弃了拒绝接受你货物的权利。在这种情况下，用"放弃权利"作为辩护词可能获得胜利，但当你的团队用这种方法来拒绝你的愿景时，这就是一个危险的威胁了。

例如，也许在过去，你没有要求团队每天花一定的时间寻找潜在客户。你曾经"建议"过他们，每天花90分钟的时间寻找潜在客户会对他们有好处。你甚至转发了一些帖子和文章，列举一些事例，表明当销售人员投入一定的时间寻找潜在客户时，会得到更好的业绩。此外，你的团队更愿意与客户进行线上互动，而不是拿起电话给潜在客户打电话。如果我是法官，鉴于你已经容忍了这么久，我会认为你已经放弃了对团队在寻找潜在客户方面的懒散行为表达任何不满的权利。

你现在要做的是撕毁你一直在（不知不觉地）使用的潜规则，开始签订一份新的合同。这份合同不会这么快就变成免责声明，因为未来你不会放弃任何权利。为了重新定位你们的关系并启动你的变革，你必须公开承担全部责任，并建立起一套新的标准和问责制。这里有一些示范性的话术，可以帮助你开始进行这种沟通。

话术脚本如下：首先，我想说一声对不起。作为你们的主管，我辜负了你们，因为我没有制定出一套标准，帮助我们整个团队发挥潜力，也没能帮助每个人都发挥各自的潜力。我很抱歉没有在你发展的某些方面投入我应该投入的力量，而是过多地关注了公司的内部需求。今后，我会做得更好。

尽管我们有很多强项，但我们并没有充分利用。我们也有几个明显的问题急需解决，特别是，我们花在寻找潜在客户上的时间不够，我们创造的新机会数量不够。还有一些订单停滞不前，或者早已过时，或者就那么波澜不惊地消失了。把这些订单留在我们的销售管道（sales pipeline）中，会给我们一种虚假的安全感，阻碍了我们走出去创造和赢下更多的新订单。

从今天起，我们将开始一场变革。这将是一场探险，我们每个人都必须成长和进步，我已经开始了这个进程。我们将从一支优秀的团队变成公司最好的销售团队。作为变革的一部分，我们也将成为业内最高效的销售团队。

我要求你们参与到这个变革中来。我希望你们全身心地投入，做出我们需要做出的改变。我也向你们承诺，我将尽我所能帮助你们。下面我将和你们分享我对这支团队的愿景。

下一步

当然，在这个时候，你就需要告诉你的团队，你独特的愿景是什么，并且解释你要帮助他们做出哪些改变了。你已经为过去承担了责任，并且做好了准备，开始和他们沟通下一步的方向。本书下面的部分将为你提供确保你成功的策略——只要你和你的团队能够按照它们去做就行。

第三章

沟通

　　你整天忙着管理销售团队，努力实现你的目标；这意味着你要花大量时间与高层领导、销售团队、重要的客户、潜在的客户以及公司里的其他各类人员交谈。你看上去总是在用某种方式进行沟通——说话、打字、提出问题或回答问题、提供或接收信息。

　　所有这些沟通对促进收入增长的作用可能都不大。为了收入增长而进行的沟通需要一种不同的方式，你需要进行更直接的对话，传递更多的信息。为了把你的愿景变为现实，吸引团队参与到你的历险中来，成功地改变团队和你的业绩，你需要更多的、正确的沟通。

　　作为销售主管，我一直对我的团队说："去寻找长期、稳定的客户。"我从未放过任何一个机会，告诉团队成员我想从他们那里得到什么，即使他们已经听我说过成百上千次"长期、稳定的客户"，这句话也是如此。你也许把这样的客户称为"关键客户""理想客户""必须拿下的客户""高知名度的客户""高附加值的客户"等，他们都是你可以为他们创造出重大价值的客户，是相信你能帮他们取得战略性进步的客户。培养这些大客户比培养小客户更能增加你的收入，尤其是当小客户认为你卖的东西对他们的工作并不特别重要的时候更是如此。

我们看重什么？为什么看重？

更一般地讲，你进行的沟通必须传达出你看重什么以及为什么看重。鉴于你已经告诉了团队你想要什么，你可能认为他们已经知道了你看重什么以及为什么看重。你可能认为你已经有效地传达了信息，但是持续的沟通会告诉他们，你的优先事项没有变，而且也不会变。

很多销售团队都因为有太多的项目需要太多的沟通而苦不堪言，而且太多的信息会让他们觉得还有事情比你的事情更重要，至少同样重要。有研究表明，知识工作者平均每天收到 127 封电子邮件，发送 40 封电子邮件，数量如此之大，以至于大多数电子邮件都很难被称为沟通，更不用说是带来收入增长的沟通了。我知道你无法阻止公司的其他人用一些和收入增长无关的信息分散销售人员的注意力，但你可以（也必须）进行沟通，这样就能尽可能多地消除干扰，把团队的注意力重新集中到你看重的东西上来，并告诉他们为什么。

我们如何取得胜利、获得成功？

培养一支销售团队有很多方法。无论你的团队是否需要变革，或是否已经完成了变革，你的沟通都必须传达出你打算如何赢下订单，如何让团队中的每个成员都获得成功。在后面的章节中，我们将更深入地探讨战略细节，但现在你需要知道的是，每一次对话都是一次机会，你可以告诉团队成员应该怎么做，才能创造出新的机会并赢得新的客户。

在告诉他们如何赢下订单的时候，你可能会说："当我们通过自己的洞察力创造出比任何竞争对手都大的价值时，当我们在与客户的沟通中提供更好的咨询、建议和方法时，我们就能赢下这个订单。当我们不关心竞争对手做什么或不做什么的时候，我们就成功了。"

当你第一次说这样的话的时候，那些还没被你说服的人会抱有怀疑的态度，他们相信他们以前的做事方法现在还适用，会让他们同样赢下订单并获得成功。少数人会坚持认为，无论他们做什么，价格等外部因素都会影响他们的输赢。然而，你重复这些话的次数越多，你就会让越多的人改变想法。最终，他们会认识到你说的是对的，但如果你不这么重复地去说，他们就不会认识到。

有一天，我和一位客户公司的首席执行官兼创始人乘坐同一个航班旅行，他下飞机后将要对他的团队讲话。我们在一起谈过几次话，我们都知道对方最喜欢的话题。在飞机上，他转身对我说："你知道吗，我每次都在说同样的话。我是不是该改说些别的？"我告诉他永远不要改变他传递的信息，因为这样做会使他的追随者和信徒感到困惑。但我确实建议他保持信息的新鲜感："改变故事，改变数据，改变例子。"

只要你一直在说，你说的话就会变成真的。为了在一段时间内传达相同的愿景，你需要找到多种方法传达相同的信息。至少有 4 个组件你是可以改变的：数据、故事、趋势和行动。让我们从数据开始。

数据告诉了我们什么？

生成和访问大量的数据从未像现在这样容易。在任何沟通中，你使用的数据都是重要的组成部分。例如，如果你向销售团队提出要求，要求他们更多地寻找新客户，那么你的数据就可能显示出你的团队在和新客户见面方面创造了纪录，但这些数据也可能显示出你的团队没有任何进步。

数据之所以强大，是因为它说出了真相。数据不是一种观点，因此不用争辩，它也不会改变自己的想法。数据揭示了难以忽视的真相，提供了强有力的事实。重要的是你要使用数字，特别是销售数字。因为收入增长是一个数字，所以它是一个主要的指标，可以量化你的成功和失败。

给我讲个故事

人类自从开始在洞穴墙壁上作画以来，就一直是喜欢讲故事的物种。故事是有价值的，因为它们提供了抓手，使你更容易把教导传递给他人。除了可以随身携带之外，故事还让我们了解周围的世界。你越关注周围的故事和你从销售团队那里听到的故事，你讲故事的能力就越强。团队中某个成员的故事，也同样会吸引其他人。当你讲述一个同事成功的故事时，即使引起了一些员工的嫉妒或嘲笑，他们也会记住这个故事的。

把这些故事收集起来，不仅可以通过它们传达重要的观点，而且也会强化你们的核心价值观，娱乐你的团队，让他们知道什么是重要的，以及为什么是重要的。你的故事也可以用来解释为什么有人会输掉订单。这样的故事最好由输掉订单的人自己来讲，并告诉大家如果他们采用不同的做法可能会有什么结果。

把你的沟通和趋势联系起来

在我写这本书的这一章的时候，俄乌战争爆发，通货膨胀几乎达到了 40 多年来的最高水平，石油价格刚刚超过每桶 115 美元，电脑芯片仍然短缺，供应链问题正在拖累一切。与此同时，大量的人正在失去工作——也就是所谓的"大辞职"（Great Resignation），美国出现了 1000 万个空缺职位，而只有很少的人能够填补这些职位。

当你能够将你的愿景与当天发生的事件以及这些事件所揭示的趋势联系起来时，你就会发现一种合理性，也就是你的团队为什么必须改变，你的客户为什么必须改变，以及你的团队可以为那些在努力实现目标的人带来什么改变。围绕世界趋势和商业领域发生的事件进行交流有一个额外的好处，它会使团队成员在这种谈话交流中，提高自身的商业敏感度。

你需要团队怎样行动？

在每次沟通时，你都应该提醒你的团队他们怎样行动，需要做什么、为什么要这样做，以及这对他们的整体成功有什么贡献。比如：第一，创造更多的新机会；第二，按计划打销售电话；第三，提出建议，告诉客户他们需要做出怎样的改变，使他们的购买流程更方便。

对于那些仅供参考和文过饰非的沟通，请听我一个建议：如果不需要团队采取任何行动，或者不需要他们给你重要的、持续性的反馈，那么这些沟通能免则免。关于新徽标用什么颜色的沟通就没那么重要，可以暂缓处理，即使你喜欢的颜色是紫红色。

我在自己的笔记应用中，整理了一些文章的链接，这些文章可以提高我们讲故事、分享数据和讲解趋势的能力。为了持续沟通，你必须一直收集新的原始材料。与销售人员的每一次对话都为你提供了一个将来可以分享的故事，特别是如果这个故事能帮助你传达你的愿景、目标，以及它对你的团队、客户和公司的重要性，就更好了。

领导者要回答的 9 个主要问题

你的团队需要你回答很多问题。他们可能不会大声提出这些问题，但不提出问题并不意味着没有问题，更不意味着他们已经知道答案了。对于销售人员问你的每一个问题，你都可以和其他员工分享。因为很有可能其他人也想问同样的问题，但他们可能胆子太小而不敢直接问你。你在回答问题时使用下面的组件越多，你的沟通就越好、越有力。

为了更实用，下面让我们看看领导者要回答的 9 个主要问题（表 3.1）。它们可以分为 4 类：愿景、期望与责任、执行以及个人。这些问题可以促使你的销售团队做出改变，取得收入增长。当你的团队成员缺乏明确的方向时，他们会徘徊不前。你不应该等着别人问你这些问题或者类似的问题。相反，你应该主动回答这些问题，保持吸引力，增加他们的信心。

表 3.1　领导者要回答的 9 个主要问题

类型	问题
愿景	1. 你会带我们去哪里？
	2. 我们为什么要走这条路？
期望与责任	3. 你对我有什么期望？
	4. 和以前比，现在有什么不同？
执行	5. 我们如何才能成功？
	6. 我们如何克服这些障碍？
	7. 我们做得怎么样？
个人	8. 这对我有什么好处？
	9. 为什么我个人的贡献很重要？

问题 1：你会带我们去哪里？

这本书之所以从愿景开始，是因为没有愿景，你就无法回答这个首先会碰到的、最基本的问题。如果没有愿景，不知道未来的结果会怎样，你就很难领导团队。没有目标，就无法指引和推动团队前进。

没有哪个教练会在赛季开始时告诉球队："让我们好好打球，打上几场比赛，再看看下一步怎么办。"他们在赛季开始时就会说明他们将如何进步，如何打进全国锦标赛。你的愿景必须能够告诉团队将发生什么变革，以及这将如何引领你们的收入增长。

你应该每个星期都与人交流你的愿景和收入增长的目标。当你停止沟通你的愿景时，你的团队几乎肯定会放松（即使他们不是故意的）。这会花费你更多的时间重新开始（可能已经无法实现的）变革。

问题 2：我们为什么要走这条路？

对于一个团队的变革，员工需要明确的理由。理由越充分，你获得支持的可能性就越大，团队成员行为的改变也就越有可能推动你实现收入增长的目标。你可能希望你的团队成为最成功的团队（以净收入衡量）。或者你可能希望你的团队具有最高的增长率，这自然会带来收入的增长。有了目标和愿景，你就能把大家拧成一股绳，变成一个团队。

基于目标和愿景，你就有了变革的理由："为了实现我们的目标，成为增长率最高的团队，我们必须创造更多的机会，赢下更多的订单。没有这些，我们就不可能成为增长最快的销售团队。"

在回答"为什么要变革"时，答案是无穷无尽的。可以是简单的目标和愿景，比如实现最高的增长率。你也可以把团队的潜力当作答案，列出每个人必须做些什么来实现这个目标。这让你可以与每个员工交谈，谈论他们要做出的贡献。

前两个问题——"你会带我们去哪里？""我们为什么要走这条路？"——是核心问题。你需要回答的问题还有很多，但这两个问题永远必须是最核心的问题。

问题 3：你对我有什么期望？

当你确切地知道他人对你的期望时，你就会做得更好。对团队中每个成员的期望越明确，你得到的结果就越好。你对他们的期望会变成他们的责任。当你追求新的净收入增长时，你就要提高你的期望。

请记住收入增长公式：

现有收入–流失收入 + 新的净收入 = 收入增长

为了增加你的营销收入，你必须赢得更多的机会和更多的新客户。你的团队必须花更多的时间去寻找新客户，和他们见面。包括那些高级销售人员，即使你以前允许他们照顾好老客户就可以，现在也要让他们出去寻找新客户。你还需要你的销售团队在他们现有的客户中发掘新的机会。

没有新的机会就没有新的收入，所以最好的做法就是不断地和他们沟通这种需求，我们将在后面的章节中更详细地讨论这一点。在这里，如果你需要提高销售人员个人和集体的工作效率，很有可能必须要求他们改变销售方法。

问题 4：和以前比，现在有什么不同？

告诉员工会有什么不同，是表达新期望的一种方法。如果问题 3 澄清了你需要团队提交给你什么成果，那么问题 4 就是在回答你需要他们具体做什么事情。

在这里，你最好将行动和结果联系起来。比如，"每周见新客户的次数增加一倍""每天花 90 分钟的时间寻找新客户来获得这些见面机会""找到更多的、新的大客户"，或者"改变我们的销售方法，用现代的、基于洞察力的销售沟通来创造更大的价值"。这些细节可以帮助你和你的团队认识到，他们需要做些什么以及需要获得什么成果。

问题 5：我们如何才能成功？

当一个销售主管设定一个目标，比如"将我们销售管道中的机会增加 8 倍"或者"在未来的 12 个月内，在不扩大销售队伍的情况下，将我们的收入翻一番"时，我总是感到很纠结。让我烦恼的不是远大的抱负，而是这些销售主管从来没有确切地解释他们将如何创造这些奇迹。据我所知，销售之神可听不到那些做法不对的销售主管和销售人员的祈祷。

你希望团队提交给你的任何结果都必须附带如何做到这

一结果的实际指导。比如，如果团队中的每个人每天都拿出
90 分钟的时间去寻找新客户，那么这足以让他们每周见新客
户的次数增加一倍（特别是如果他们之前每周只见一次新客
户的话）。但达到这个目标可能意味着他们要改变销售方法
和谈话策略，或者使用不同的思路去接触潜在客户，比如采
用多种媒介，通过多个接触点与客户沟通。

向团队说清楚具体要如何取得成功是很重要的事情。然
而，这并不意味着你要大包大揽。你可以依赖员工的聪明才智，
发挥他们的主动性，让他们自己找到成功的最佳途径。但如果
你不能告诉团队需要做什么才能成功，他们就会对你失去信心。

问题 6：我们如何克服这些障碍？

你要求团队做的事并不容易。他们在前进的道路上肯定会
遇到障碍，无论是在创造新的机会还是在赢下带来新的净收入
的订单方面，都会遇到障碍。你和他们的沟通必须解决如何克
服这些障碍的问题，因为他们的工作正在创造收入的增长。

你需要克服的障碍有的很简单，有的很复杂。一个简单
的障碍可能是销售人员要求和客户见面时，客户的担忧。所
有客户的担忧都可以归结为一个问题——"我认为和他见面
是在浪费我的时间"——这是一个相当容易解决的障碍。一
个比较困难的障碍是从竞争对手那里抢来一个关键的、高知
名度的、高附加值的潜在客户。

你可以找来团队中不同的成员分享他们会如何排除这

些障碍。不同的人会有不同的策略。除了你教给他们的方法外，他们也可以选择其他方法。

问题 7：我们做得怎么样？

不管做得好还是做得差，你都需要和团队成员沟通他们的工作情况。做得好的地方会带来好的结果。任何时候，只要看到有可能出现好的结果，你都要指出来，用来证明你做的事情是正确的。你分享的成功案例越多，你的愿景就越正确。你的顶级销售人员总会给你带来成功的例子，但你也应该展示那些没什么天赋的人取得的成功。

负面的结果或者没有取得结果时，也需要和大家沟通，引导你的团队重新回到期望、责任和执行上。当你们偏离了方向、没有取得任何进展时，你必须提醒团队，你对他们有信心，无论是对团队还是对个人都有信心。面对负面结果时，最好还是坦诚相待。文过饰非不是处理坏结果的正确方法，但生气或沮丧也不是。

你希望知道他们现在的状态，他们做得怎么样。你要经常告诉他们进展情况，跟踪面向你的愿景取得的进步。

问题 8：这对我有什么好处？

你不用回答每个人提出的"这对我有什么好处"这个问题。相反，你可以向整个团队说明你的愿景和收入增长带来的好处。在你的销售团队中，会有一部分人只看重金钱；一部分人看重认可，会受到认可的激励；一部分人会被工作的目的和意义吸引；一部分人只需要归属感。

根据你的愿景，你可以解释他们走的这条道路会带来更多的金钱、更多的认可、更有意义的工作，并属于一支业绩卓越的团队。重要的是你要明白是什么激励着团队中的每一名成员，尤其是当你和他们单独谈话的时候更是如此。告诉他们你的愿景，吸引他们参与进来。

问题 9：为什么我个人的贡献很重要？

为了获得收入增长，你需要团队中的每个人都为你的业绩做出贡献。如果销售队伍中只有 5 个人对收入增长做出了贡献，那么你的团队中有 8 个人还是 80 个人都无关紧要了。特别是那些管理大客户的高级销售人员，他们躺在老客户身上睡大觉，没有创造任何新的净收入。他们必须明白为什么他们的个人贡献很重要。

每个销售人员都必须为收入增长做出贡献。任何人都不能例外，任何人都不能在没有做出有意义的贡献的情况下退出。

如何在不重复说同一件事的情况下重复自己的观点？

仅仅使用数据、故事、趋势和行动这 4 个组件，你就可以创造出无限种沟通方式，而且不需要每次都改变所有的组件。比方说，你想谈谈为什么你的愿景很重要，为什么销售团队需要变革。在第一周的时候，你可以按照 A、B、C、D 的顺序使用这些组件。当你在第五周回到这个主题时，你可以按照 A、E、C、F 讲，你改变了数据和故事，但保持趋势和行动不变。在新季度开始时，你可能讲的是 A、G、H、I。你找到几张索引卡和一支像样的签字笔，就可以轻松地记录下你讲的内容，然后为每一次沟通选择合适的组合。

上面列出的 9 个问题为你提供了更多的方式来和团队沟通你的优先事项，而不会让他们觉得你是在重复，即使实际上你是在用一种新的方式说同样的事情。有些人在一种组合方式的讲述下听不明白，可能在听另一种组合的时候就懂了；还有些人对前进的方向感到困惑，可能会从故事中得到启发。你看到的和听到的一切都是你潜在的沟通素材，只要留心把它们记下来，并把它们和你的愿景相匹配就可以了。现在你知道我是如何在十多年里每天都可以发布博客了吧！

最后要记住，不论什么时候和团队沟通你的愿景，都是一个好时机，尤其是在大多数销售主管对此往往谈得不够的情况下更是如此。当你的团队或几个销售人员取得成功时，与团队的其他成员分享这一成功，向他们证明你的愿景是可以实现的、是对大家有好处的。盘点下来，你所做的一切就是把每一次沟通都当作一次谈论收入增长的机会。有效地使用数据、故事、趋势和行动，可以让团队成员知道收入增长对团队来讲很重要。

第二部分

负起领导责任

在这一部分中，我们将探讨 3 个方面的内容。首先是在正确的场合使用正确的领导风格。在此基础上，我们会讨论如何做出带动收入增长的决策——这是领先增长的核心部分，也是最具挑战性的一个部分。然后，我们将讨论销售策略以及一致性，即如何确保团队中的每个成员都在为实现增长的愿景而努力工作。这 3 个方面的问题如果不能成功解决，就会阻碍收入的增长。

第四章
CHAPTER 4

领导风格

你需要了解你的团队在什么时候需要你拿出些不一样的东西来确保他们取得最佳业绩。事实上，销售主管无法增加收入的一个原因就是，他们只会运用自己的默认风格来领导团队。

要成为团队需要的领导者，你必须能够运用多种领导风格，包括一些你并不擅长的风格。因为大多数销售主管都喜欢采用民主式的、以建立共识为目标的领导风格，所以我们先从这里开始，然后考察在某些情况下需要采取的其他 6 种风格。在本章中，我们会从寻找潜在客户的问题出发，看看如何使用不同的领导风格来解决不同性质的问题。

建立民主共识的领导者

你希望成为一名优秀的领导者，带领团队实现你的愿景，超越所有人的期望，让收入增长。同时，你也希望团队成员喜欢你、尊重你，所以你要显得平易近人、积极，总是说鼓励的话，而且总是愿意让团队参与制订新的计划，努力得到他们的支持。如果这就是你现在的样子，那么你很可能拥有一种民主式的、以建立共识为目标的领导风格。这种风格当然有它的优势；不过，它并不是在每一种情况下都能取得好的结果。

专注于让员工喜欢你，希望和他们达成共识，不一定能帮助团队取得超出他们预期的成功。如果老板忽视他们，认为这支队伍能力有限，并且允许他们得过且过，那么没有人会怀念这种过去的好时光。相反，他们心目中的好领导是那些和他们沟通、认识到他们的潜力并推动他们发挥潜力、即使受到抗拒也不放弃的人。

民主式的领导风格，就像其他的领导风格一样，有很多优点，能取得很好的成绩。值得注意的是，比起其他领导风格来讲，这种领导风格可以和员工建立起更密切的关系。这种关系可以帮助你吸引团队成员参与到你的愿景中来，可以鼓励他们全身心地投入，而不仅仅是被动地服从。如果允许销售人员自己制订计划，赋予他们自主权去尝试他们认为能够帮助自己成功的事情，他们就会更投入。这样做，比起你告诉他们要做什么、剥夺让他们自己制定职责标准的机会，要好得多。

民主式的领导风格也有一个缺点：一些销售人员会把你的命令当作建议，尤其是对如何行动没有达成一致意见的情况下更容易这样。即使你和他们的沟通是礼貌的、专业的，这些销售人员也经常会退回到他们喜好的做事方法中，忘了你的愿景。当遇到这种情况时，你会碰到两个阻碍收入增长的问题。首先，一些团队成员会决定"静观其变"，而不是去完成一些重要的新的行动。他们的这种做法是从过去的经验中得来的。他们见过很多逐渐枯萎和死亡的变革——这是世界上最古老的游戏之一——尤其是当他们看到你对自己领导的指示也采取看看再说的态度时，更会如此。

让问题更加复杂的是，那些不愿意变革的销售人员往往会把别人拉到他们那边，表明原先的做法是安全的，而你决定的变革和你要求的结果是不安全的。当你放任这些顽固分子不去解决的时候，这种认为没有必要变革的信念就会传播开来，对销售团队造成更大的伤害，并威胁到收入增长的目标。

其他的领导风格可以很容易地解决这些变革的阻力，但要聪明地使用。把它们作为默认的领导风格，很少能发挥好的作用。

独裁风格的领导者

独裁风格是和民主风格完全相反的领导风格。独裁者并不特别在乎自己是否受欢迎，不过他们经常装作对员工十分友好。他们很少能够真诚地正面鼓励员工，所以他们对赢得员工的拥护并不感兴趣。然而，这种独裁风格也有一定的好处。

我先要发布一则免责声明：我并不是建议你成为一名全职的独裁者。相信我，我绝不是在建议你留一撮浓密的小胡子。你也不应该通过让员工恐惧来领导他们，尽管这是独裁者的主要策略。独裁者的手段就是他们手中的权力，而不是激情、道德感召力或说服力。没有影响力，也没有真正领导力的"领导者"只能依靠赤裸裸的强力。

即便如此，在必要的时候扮演独裁者的角色不仅必要，也很合理。不相信吗？如果销售人员为了赢得客户的订单而给客户回扣，你会怎么做？如果销售人员虚报费用，你又会怎么做？

对那些等着你妥协的销售人员来讲，独裁者不会遇到那么多麻烦；但如果你把独裁作为自己的主要领导风格，你将付出高昂的代价。首先，你的团队会有很高的流失率。那些留下来为独裁者工作的人只是两害相权取其轻——比起面前的领导者，他们更害怕出去找工作。但更重要的是，你能得到的最好结果就是被动服从。独裁者可能会让人服从，但他们没有能力让团队取得最好的业绩。

当涉及保护收入增长和公司的价值观时，一个能干的领导者可能会转变为独裁风格，因为他们必须捍卫少数几个不可妥协的结果。你可以在开始时这样说："我知道这是新的要求，过去没有要求你们做这些事。但这对我们的业绩很重要，你们必须做这些事。这一点是不会改变的，没有商量的可能。但如果你需要帮助的话，我很乐意提供额外的帮助。"你可以在不诉诸强力、威胁或权力的情况下，坚持让你的团队做必须做的事情。而要做到这一点，你需要独裁者的意志，永远不能放弃或退缩。

自由放任的领导者

我必须坦白，我的默认领导风格是自由放任，也就是放手、不干涉。因为我从来不需要别人告诉我应该做什么，所以我一度相信其他人也都像我一样。作为一名年轻的销售主管，我的默认风格给我带来的麻烦没完没了。为了确保自己不必亲力亲为地领导团队，我招聘了一些有多年销售经验的人，并付给他们很高的薪水，结果发现他们和那些没有行业经验的新销售人员一样，也需要别人领导。这是我作为销售主管犯下的最大错误之一。

自由放任的领导风格当然会带来积极的结果。首先，你赋予了团队很大的自主权，他们可以自由探索、尝试新的事物，并且自己决定怎么做。积极主动的人几乎不需要指导，所以他们在自由放任的领导下如鱼得水。成熟、高效的销售人员也是如此，他们有自己的动力，也非常自律。

但这种领导风格也有缺点。你可能因为没有及时帮助你的团队成员，造成他们遭遇挫折。每一支销售团队中都有这样一些人，他们喜欢自主权，但在完成工作时却缺乏自律。在第七章，我们将讨论问责制，包括如何在销售人员周围设置警戒线，在仍有时间帮助他们成功的时候及时进行干预。

而在现阶段，我只是希望你能抓住本章的重点：你有不同的领导风格可以选择。如果在正确的情况下用在正确的人身上，它们都会起作用；如果在错误的情况下用在错误的人身上，它们都会很糟糕。你的任务就是弄清楚，对于团队中不同的人，在不同的时间需要用什么不同的方法。

战略型领导者

当我要求销售主管们说出自己的领导风格时，每个小组中大概有 6% 的人是天生的战略型领导者，不过更多的人则说他们希望自己更有战略眼光。

战略型领导者会兼顾公司正在进行的业务和潜在的增长机会。战略型领导者知道，为了获得更好的结果，需要采取什么战略和战术。他会经常教导、培训和指导他们的团队，帮助他们提高效率。由于销售主管的大部分工作是解决问题，所以战略型领导者通常是第一个认识到有什么需要改变，并且设计出新的战略和战术的人。

战略型领导者也有一个缺点：有时，销售人员对战略型领导者要求他们做的事情还没有做好准备。这类领导者关注战略的习惯也使他们的想法有时超出了自身的执行能力，造成团队失去重点。如果被多个目标和战略分散了注意力，即使是好的目标和战略，也会对收入增长产生负面的影响。

尽管如此，当你面对收入增长的挑战时，你必须采用战略型的领导风格：改变需要改变的，改进需要改进的，克服收入增长的障碍。

官僚型领导者

在所有的领导风格中，官僚型的领导风格是最让人灰心丧气的一种。我强烈的自由意志主义倾向让我特别讨厌为了服从而服从。这或许解释了我对所有的管理工作都感到厌恶的原因。光是看表格就会让我浑身起鸡皮疙瘩，呼吸困难，偶尔还会在办公室的地板上剧烈地抽搐。

不过，在你的领导风格中加入一些官僚主义作风是有充分理由的，尤其是当你在金融或医疗等领域中工作时更是如此。在这些领域中，你必须遵守法律、规则和指导方针，越界往往很快会受到惩罚。但就像独裁风格一样，你可以采用官僚式的领导风格，但不需要自己变成一个官僚。尽管大多数销售主管不喜欢反复提醒他们的销售人员完成一些基本的办公室工作，比如上交费用报告等，但有时唠叨几句还是必要的。

例如，当你的客户管理系统出现问题、抓不住销售机会时，采用官僚式的领导风格是有帮助的。你需要知道在自己的销售管道中都有哪些机会，而这需要你清楚潜在的订单数量和价值。而官僚式的领导风格的缺点是，你必须像电影《上班一条虫》（Office Space）里的剧情那样，不断要求团队定期填写那些毫无意义的TPS文档❶。但你可以保证，如果在你发出询问之前他们可以完成工作，那么你就可以不让他们

---

❶ 业务处理系统。——编者注

填这些表格。

交易型领导者

在我前面介绍的那些领导风格中，每个都有明确的优点和缺点。但我必须诚实地说：交易型的领导者没有什么优点。

一些销售主管认为，他们与销售团队的关系纯粹是交易关系。销售主管付给员工金钱，要求他们做一些事情。当他们需要销售团队做出一些改变时，会承诺给他们金钱鼓励。这种领导风格错误地认为每个销售人员都是受到金钱驱动的。而这是不正确的。让我们假设这些前 10% 的人都是为了钱，那么这意味有 90% 的人更看重其他东西而不是钱。而且他们中的大多数人并不会晚上睡不着。

你只要看看你付给团队成员的佣金就会发现，大多数销售人员并没有利用一切机会，争取更多的佣金。相反，他们会在达到一个舒适的收入水平后，努力维持这个水平。尽管现实如此，但交易型领导者还是相信他们可以买到需要的结果。在每一个尝试过这一理论的销售组织中，它都被证明是错的。虽然业绩越好，挣钱越多没有错，但你需要为你收入增长的变革计划增加足够的吸引力。

变革型领导者

一些领导者善于帮助个人和公司转型。具有这种领导风格的领导者会希望他们的团队走出舒适区，充分发挥自身的潜力。这些领导者最优秀的一面是，他们能够在一个人身上发现这个人自己都没有发现的能力。有时候这样反而会让领导者失望，因为你在这些人身上发现的东西，他们自己并不想要。没有什么比这更令人沮丧的了。

每个领导者都要有能力实施这种风格，因为每个领导者都在领导一个团队从现在的状态迈向未来更好的状态，实现收入增长的目标。说到底，这本书是一本指南，重点就在于改变你的销售队伍和你的业绩。然而，一个容易犯的错误是，在你重新启动变革程序之前，人们还没有时间消化吸收上一次的变革。即使是升级后的你，也需要一些时间来解决你身上的故障点。

在寻找新客户的过程中，提供正确的领导力

在你实施变革的过程中，你需要所有这 7 种领导力。你可以根据两个因素进行选择：你正在面对的场景，以及个人或团队需要你提供什么帮助来实现他们的目标。你需要在正确的场景中使用正确的领导力，满足他们的需求，改进他们的业绩。为了具体阐述这一点，我们看看在寻找新客户和创造新机会的过程中，根据所需的结果都需要匹配哪种领导力。

制订工作区域及客户计划：民主式的领导力

你需要团队为这个季度制订一个工作区域及客户计划。你希望他们做出正确的决定，确定在现有的客户中，哪些可以创造出新的增长机会。在涉及赢得新客户时，你也希望他们自己拿主意。当评估销售人员未来 90 天的计划时，你发现有几个潜在客户没有出现在销售人员的计划中。

在这种情况下，一个比较好的选择是做一个民主式的、寻求共识的领导者：你可以与销售人员一起修改计划并达成一致，解释你为什么认为那些潜在的客户很重要。如果你允许团队制订他们自己的计划，你就可以增加他们参与和投入的程度，因为这是他们的计划，而不是你强加给他们的计划。

反过来，为了执行这个计划，每个销售人员都必须出去寻找新的客户，安排新的见面。收入增长的最大威胁是缺乏机会，而这只能通过寻找新客户来解决。

每天都要寻找新客户：独裁者的领导力

创造机会的重要性不容忽视。收入增长来自寻找潜在客户以及和潜在客户见面。你要求团队安排固定的时间，使用有效的手段，去寻找新的客户，并把那些能带来收入增长的机会放在首位。然而，他们仍然没有找到足够的潜在客户，没有创造出实现目标所需的机会。

你可能会要求他们每周都要创造出新的机会。尽管这是一个不受欢迎的要求，但在这个时候你需要成为一名善意的独裁者。你可以既严格又亲切，同时坚决要求你的团队去寻找新的客户。你可以用不同的领导风格得到相同的结果吗？可以的，但我在寻找新客户方面不允许有任何懈怠，因为当一群销售人员认为寻找新客户是可做可不做的工作时，就会造成很大的损失。

处理问题：战略型领导力

当你监督团队的业绩时，你可能会发现，尽管他们付出了努力，但获得的有价值的见面机会并不多。有些情况发生了变化，以前行之有效的做法不再能产生相同的结果了。

这时候就需要战略型领导力了。例如，你可能会去听一听销售人员是如何打电话的，寻找可能出问题的蛛丝马迹。这种做法可以帮助你找到问题的根源，获得洞察力，确定有什么办法可以帮助团队获得更多的见面机会。你还可以使用这些数据开发出一种新的销售方法，然后教给你的团队，一起进行培训和演练，确保他们有信心、有能力使用这种方法。

更新客户管理系统：官僚式领导力

你的团队正在创造新的机会。他们会在会议和谈话中告诉你这些事，但他们很少抽出时间把这些机会录入你的客户管理系统中。没有这些数据，你的决策就是盲目的。你之前已经要求他们更新这个系统，但是你既没有看到主动的行动，也没有看到被动的服从。

这时候就要采用官僚式的领导力了。官僚式的领导者会发出提醒，如果一个销售机会没有录入客户管理系统，那么就不会谈论这个机会。如果需要的话，你还可以制定一条规则，没有录入客户管理系统中的机会，即使赢了单子，也没有佣金。官僚主义作风很容易迫使人们服从。抵抗是徒劳的。

做出转变：变革型的领导力

你发现你们的销售方法已经过时，不再能产生它曾经产生过的效果。为什么曾经如此有效的方法现在没用了呢？简单来讲，世界又一次发生了变化，你和你的团队必须随之改变，否则就会被抛在后面。

现在是你和团队改变销售方法的时候了。你需要根据潜在客户的需求重新调整方法。更重要的是，你必须拥有新的理念、新的能力、新的技能，以及创造价值的新方法——获得这种方法需要变革型的领导力。

对所有的事情负责，并从中获得能量

尽管大多数领导者更喜欢民主式的建立共识的领导风格，但只使用这种领导风格会限制你的效率。因为在很多情况下，使用其他方法效果会更好。虽然没有人想成为全职的独裁者，但坚持在正确的时间以正确的方式完成正确的事情，这个理由就很充分了。如果找不到一个有效的方法领导团队实现所需的结果，你就达不到收入增长的目标。

因为你是领导者，所以重要的是，你要负起领导责任。尽管有时候你可以和团队一起讨论，看看如何完成一次重要的任务，但在其他情况下，你只需要他们执行，而不需要他们参与意见。不管哪种情况，你都要对团队的结果负责。如果出了问题，一切都是你的错。

如果你觉得这不公平，请允许我解释一下。我曾经听到一家颇具传奇色彩的大公司的首席财务官在美国全国广播公司财经频道（CNBC）的直播节目中说，她的公司之所以没有完成本季度的指标，是因为销售团队没有达到目标。一位高层领导竟然公开指责自己的销售团队，让我感到震惊。这家公司的几位销售人员给我发了电子邮件，表达了自己被抛弃的感受。或者换一种委婉的说法，让他们来承担没有完成销售任务的责任，他们感到不公平。

让我们沿着这条轨迹看看为什么一切都是领导者的错。首先，是谁造成了销售团队没有完成销售任务？根据领导者的说法，答案很明确：销售人员。但这里还有更多的事情。为了深入挖掘，我们需要问一个不同的问题：谁应该领导销售团队完成他们的任务？尽管这个话题使人难堪，但重要的是要认识到销售主管有责任确保团队实现销售目标。同理，公司的销售管理层要对销售主管的业绩负责，这样一级一级上来，公司的最高领导层要对所有这些事情负责。

　　首席财务官和他的同事们本可以在没有完成销售任务之前做出改变。他们本可以与公司的销售管理层进行交流，管理层再与销售主管进行沟通，销售主管再去帮助销售人员。我的猜测是，这些领导者没有把注意力集中在这个问题上，在无法兑现对华尔街的承诺后，他们感到很难堪。

　　对所有事情负责的好处是，你有权力处理任何问题或挑战。如果你对结果负责，你就可以做出必要的改变，消除任何阻碍收入增长的障碍。

你的两大问题

　　有两个问题阻碍了新的净收入：新的机会太少，赢下的订单太少。不管你有多忙，也不管你有多少分心的事情，这两个问题必须占用你最多的时间和精力。事实上，你要学会多种领导风格的原因就是，你需要更有效地解决这两个问题。

创造机会：新的订单

　　让我们回到收入增长公式：

　　现有收入–流失收入 + 新的净收入 = 收入增长

　　来自现有客户的收入不会阻碍你增加新的收入。这只是你的起始数字。虽然你可能会尽量减少流失收入，但大多数销售组织每年都会有客户流失。只让你的销售团队去管理客户，确保客户不会流失，并没有充分发挥他们的作用。他们还应该去销售，寻找新客户。这就引出了你要关注的领域：新的净收入。

第一个问题是创造的合格机会太少。因为如果不创造机会，你就永远不可能赢得机会，所以创造新的机会对收入增长至关重要。然而，大多数销售主管和销售领导层都把注意力集中在赢得机会上，他们常常误以为在他们的销售管道中，有很多机会在等着他们。

我们之所以要同时考虑影响销售增长的外部因素和内部因素，是因为忽视现实是一种糟糕的策略。而现实并不在意你的目标、偏好或者你的观点。当买家无法做出变革的决定时，你在销售管道中的机会就会停滞不前甚至消失不见。即使你强行把它们放在你的销售管道中，并为你和你的团队提供虚假的希望也没有用。

许多销售团队没能完成任务就是因为他们认为，他们有足够的机会来实现他们激进的目标。一旦看清楚很多机会最终不会实现时，销售主管就会通过打折来推动这些机会。尽管客户拒绝签订合同并不是因为价格，但打折同样会减少收入——而收入正是他们最需要的东西。

如果你只能从这本书中学到一件事，那就记住这一点：要求你的团队创造出更多的合格机会，甚至比你认为必要的机会还要多；因为这是你唯一可用的防范手段。就领导风格而言，这意味着你首先要成为一个变革型领导者，特别是如果你的销售团队没有优先考虑潜在客户的话更是如此。你也有可能必须扮演独裁领导者的角色，至少在团队成员意识到你不会允许他们等你妥协之前要这样做。

抓住机会：赢下订单

从根本上讲，我首先是一名销售人员，其次才是一名销售主管。我在这两个角色上花费了同样多的时间。在一个竞争激烈的行业工作，要赢得一个客户，就意味着得战胜竞争对手，取代他们的位置。

在我的前4本书中，我整理了我认为的现代销售方法，它们可以解决当今环境下销售工作遇到的外部和内部挑战。这4本书都是为了提高销售人员在销售沟通中的效率而写的，因为这是赢下订单的唯一途径。如果你抓不住机会，那么花时间和精力去创造新的机会就没有任何意义，尤其是如果你的销售团队缺乏效率，无法为客户创造更多的价值，无法说服他们从你这里购买的话，那就更没有意义了。

目前，赢下订单的最大障碍是，大多数销售团队仍在使用传统的销售方法。目前仍有人用半个多世纪前，为一个非常不同的环境设计出来的销售策略教导和培训销售人员。还有更多的公司仍在用40年前的战略和战术。他们和其他人一样，没有做好准备，无法按照今天买家的要求，提供数量和质量上都合格的帮助。

当销售人员只会谈论他们的公司或者他们活力四射的首

席执行官，只会列出他们现有的客户和他们的成功案例，只会背诵他们的产品宣传手册，只会在最后敷衍了事地问客户他们有什么"问题"的时候，他们对客户就没有任何价值。这就是客户无法分清一个销售人员（以及他的产品）和另一个销售人员有什么区别的原因，唯一可能的区别就是他们公司徽标的颜色可能不同。

如今，想要赢下订单，你必须帮助客户认识到影响他们业务发展的原因。当今的销售人员必须帮助他们的潜在客户发现自身的问题，创造出一种范式转变，使客户认识到新的增长潜力。这种销售方法可以解决客户的忧虑，促使他们下单。同样，买家、决策者和利益相关者也需要获得比过去更多的、不同的帮助。销售人员要以需求为基础，为买家的购买流程提供便利，控制整个销售过程。其中很重要的一点就是在客户的公司内部建立共识。

尽管获得这些能力的过程很难，但它们是必不可少的——掌握起来也并不容易。在这种情况下，如果你不提高销售效率，就会被淘汰。大多数销售主管都忙于领导自己的团队，以至于错过了这个拐点。这个拐点揭示出世界已经逐渐改变，销售和购买的流程也会随之改变。

相反，大多数销售团队都在管理软件上花费时间和金钱，尽管这些东西更擅长制造问题而不是解决问题。你最好的做法是培训你的销售队伍，让他们在能带来收入增长的领域变得更有效率：在与决策者以及参与销售沟通和购买谈判的其他利益相关者的对话中变得更有效率。没有人会因为你们有更好的销售管理软件而购买你们的产品。他们之所以购买你们的产品，是因为你能帮助他们最大限度地了解他们需要如何改变，以及为什么改变。

关注收入增长

领导你的团队获得收入增长的关键，是认识到你的领导力是收入增长的首要变量。如果你希望团队完成收入增长所必需的工作，你就要成为不一样的领导者。你要专注于新的净收入，带领你的团队创造并赢得实现目标的机会。

当你致力于创造新的净收入时，你会面临许多分心的事情——包括新的计划、公司需要你完成的任务，以及那些带着各种自认为值得你关注的问题来敲你门（或给你发送邮件）的人。为了实现你的目标，你需要一个系统性的方法。而这正是本书要教给你的：一个全面的、有内聚力的收入增长的方法。

第五章

决策

有的领导者养成了不做决策的坏习惯，尤其不愿意做困难的决策；这种情况并不罕见。还有的领导者更糟，他们会逃避那些需要进行一次或多次艰难谈话才能做出的决策。但是，任何增加收入的努力都需要你解决问题，应对挑战，消除收入增长的障碍，而且做出这些决策的时机也至关重要。

一旦做出了决策，就要立即行动。

本章将探讨你需要做出的一些决策，以及一些提高决策有效性和效率的策略。即使你偶尔可能会犯错误。

优先处理重要问题

大多数销售主管都能自如地处理常见问题，比如当一个潜在客户向你的销售人员施压要求打折时，或者当你向销售人员提供指导、详细告诉他们如何推进交易时。我们称这些为事务性决策。虽然解决订单中的问题和提供建议通常会让你觉得自己的工作很有效率而且很重要，但它们也让你躲开了那些你必须做出的更大的、更困难的决策。

为了增加收入，你必须优先考虑战略性决策，而不是事务性决策。对于这两种决策，我提供一个简单的测试帮你来区分：如果不做这个决策是否会对你持续增加收入的能力产生负面影响？如果是，那么这很可能是一个战略性决策。尤其是如果解决不了这个问题，随着时间的推移会造成更大的伤害的话，就更说明它是战略性决策。你可能已经听过这样的建议：一旦做出决策就要立即行动。但让我补充一个推论：一旦你意识到这个问题会损害你增加收入的能力，就要立即做出决策解决它。以下是一些你可能很熟悉的、需要做出战略性决策的场景：

你有两名高级销售人员很久以前就不再开发新客户了；但比起经验不足的同事来讲，他们其实能为新客户带来更大的价值。事实上，他们已经有好几年没有创造出新的机会或签下新的订单了。因为他们已经得到允许，可以不去开发新客户，所以你现在必须决定如何安排他们，这个选择将直接影响你的收入增长。

再给你举一个例子：你的销售支持团队仍在用传统的方法教导和培训销售人员，告诉他们在销售沟通的前20分钟应该向他们的潜在客户展示公司建筑物的照片，你们现有客户的标志，以及你们的产品或服务，所有这些都是为了问客户一个他们完全能猜到的问题："什么让你夜不能寐？"人力资源部门不会让你改变培训方式，但他们提供的销售方法会在与客户方的决策者第一次见面时，就毁掉订单成交的可能性，让你无法达成收入增长的目标。

人们清理办公桌（或整个办公室）通常是为了在逃避

更困难的任务时让自己感到手头还有事在忙。你总能找到一些事情让自己忙碌起来，而不是解决那些妨碍收入增长的障碍。避免做出艰难的决策不仅会减缓你的脚步，还会增加你的心理负担，让收入增长工作变得更具挑战性。随着时间的推移，你可能连一个相对简单的战略性决策也做不出来了。

当你发现自己面临一个战略性决策时，制订计划会对你有所帮助。确定你要做出决策的最后日期，给自己一些时间考虑，然后不管会不会犯错，都要做出决策。然后，就要采取行动。

决策的期限

就我个人而言，我更喜欢每天最先解决最困难的挑战。谈话越困难，我就越想早点谈完。有些决策可以很快完成，但有些决策需要时间来考虑，也需要和别人谈话。你可能需要他们提供反馈，或者至少在你采取行动之前通知他们。这些谈话通常会给你提供你从未考虑过的视角，甚至是你可以尝试的替代性方案。

为了避免你反复纠结某个决策，耗费的时间过长，你可以先确定一个必须做出决策的截止日期。对于复杂的战略性决策，尤其是需要他人意见的那些决策，我的期限基本上是两个星期。在第一个场景中，关于两个高级销售人员的决策，就属于这一类。但是对于销售支持团队还用老方法培训销售人员的问题，你可能需要和高层领导进行多次对话。这个过程可能需要几个月的时间，但你仍然可以给自己设定一个每次谈话的最后日期，以及做出决策的可能期限。

思考的期限

在做出决策的截止日期之前，你需要安排时间来思考，但不要拖得太久，以免让小问题变成大问题。问题不会自然消亡。你可以自己思考，也可以和你的团队成员或你的领导一起思考。这里有一些很好的方法来帮助你按部就班地思考。

开始思考时，先写下问题、挑战、障碍，或者影响最终结果的个体。放任不管的代价是什么？之所以需要做一个困难的决策，是因为那样能让你继续往前走，去改进你的结果。

许多人避免做决策，是因为担心决策不当会产生负面后果，或者害怕面对解决问题时肯定会遇到的冲突。我们后面会详细讨论决策错误的情况，但如果出现了可能会伤害最终业绩的事，放任不管往往就是最严重的错误。你不能让较小的恐惧影响你的决策，你必须积极应对更大的危险。你应该害怕的是无法实现自己的目标，而不是进行一场艰难的谈话或者做出一个不受欢迎的决定。任由那些小恐惧影响了决策的人会发现，他们实现收入增长的道路只会更加艰难。

放任不管很少是正确的选择，因为你必须和问题一直共处，而它会伤害最终的业绩结果。花点时间草拟出可供选择的方案，包括那些让你不舒服的方案；提前确定每个方案是否能为你提供你需要的结果。任何无法通过测试的方案都应该被排除在外。

做出决策并付诸行动

对于如何安排那两名对收入增长没有贡献的高级销售人员，你必须做出决策。你还必须做出决策，如何应对那些认为 40 年前的销售策略在当前的环境中仍然有效的销售支持团队。为了避免与他人进行困难的谈话和冲突，就不去做这些困难的决策，会威胁到你实现收入增长的能力。

本书开头的那个故事——在引言中讲的士兵杰夫最终挺身而出，接受了与教官搏斗的危险挑战——就是要提醒你，你必须直面问题、挑战和障碍，即使这让你很难受。作为领导者，你有责任做出艰难的决策。

决策就像健身：练得越多，就越容易。随着时间的推移，最终结果会得到改进，因为你不允许问题一直存在。你可能会看到有的领导者选择放任不管，任由问题继续下去，或者假装没有看到这些问题，假装这些问题没有那么严重。然而，这些不做决策的领导者们已经悄无声息地降低了他们的标准。他们的标准太低了，以至于团队无法充分发挥自己的潜力。

你会犯错误

即使做了决策，也没有办法保证你做出的总是最好的决策。有时，你做决策时的计算是有缺陷的，结果与你期望的相反。不管决策是好是坏，你都必须接受。你可能并不总能做出正确的决策，但这并不能阻碍你采取行动，尤其是在面对困难的时候。

当你做出了正确的决策，事情就像你最初认定的那样发展，你可以为自己的决策感到自豪。当你做出了一个错误的决策，你也可以从积极的角度看待决策造成的负面结果——因为这种反馈提供了一个数据点，可以在下一次碰到类似的事情时，作为你决策的参考。

我曾经听到过一位销售主管哀叹道："如果不是因为这些员工和客户，我不会有任何问题。"你和几十亿人共享这个星球，而你却无法和他们共享理念、经历和知识？所以你不能让"人"成为你的问题。相反，你应该从一开始就把问题从人身上分离出来，然后试着帮助这些人解决他们的问题。但是当一个人的行为造成问题时，你必须处理他们的行为，并确保他们做出必要的改变。我们会在第九章，关于人的那一章里讨论这个问题。

每个销售团队中都有一些收入杀手。很多时候，你必须帮助这些人改变他们的理念、承诺和行为。很少有人觉得改变这些事很容易，这常常需要你做出艰难却必须做出的决定。这又把我们带回到寻找新客户的问题上了。让我们更加仔细地研究一下。

寻找新客户的问题

为了创造新机会获得新的净收入，你需要寻找新客户。如果创造的机会太少，你就没有足够的覆盖面来确保达到目标。许多销售主管都避免与他们的销售人员一起见新客户，即使他们知道这是必要的。因为他们担心销售人员认为他们这是在事无巨细地微观管理他们。而事实上，他们这是在对新机会的创造过程进行宏观管理。销售人员要创造出两个主要的结果，其中之一就是新机会。收入增长需要新机会。

正如我们前面提到的，想象一下你有两名高级销售人员，他们和几个大客户建立了良好的业务关系。因为他们已经管理这些客户很多年了，所以他们对自己的佣金很满意，把它当作每年的固定收入。他们的角色更接近客户经理，而不是销售人员。

让我们假设这两名销售人员在一个由 8 名销售人员组成的团队中，这意味着 25%（8 名销售人员中的 2 名）的销售人员不去寻找新客户。这两个销售人员不会在你的销售管道中添加任何新的订单，这使得销售团队中的其他成员很难弥补上他们应该负责的收入增长的份额。如果你想增加收入，就必须对这两名销售人员采取措施。你可以考虑几种方法。

第一种办法：因为这两名销售人员非常有能力，你可以要求他们每天花 90 分钟的时间去寻找新客户，并要求他们和新客户见面。因为他们负责的都是大客户，所以你知道他们在新客户面前会表现得很出色。

第二种办法：你可以让他们降为客户经理。因为他们不去寻找新客户，所以这是他们为自己选择的角色。他们可能不得不减薪，但他们也可能会很高兴。而且这样你就有机会用更乐于开拓和赢下新订单的销售人员来取代他们了。

第三种可能的办法就是解雇他们或者让他们辞职。当一个销售人员管理了一个大客户很多年以后，许多销售主管不敢这么做。不过别担心。你可以毫不费力地把这个客户交给另一个销售人员——也许这只是作为这个销售人员刚赢得一个大客户并保证继续寻找新客户的奖励。

可能直到你读到第二种选择（把他们降为客户经理）或第三种选择（让他们离开）时，你才会觉得强迫他们去寻找新客户才是最好的选择。你可以留下这两个不去寻找新客户的销售人员，或者可以增加你的收入，但你不可能两者兼得。更重要的是，如果你在这个问题上不做决定，就会教会其他销售人员为自己建立起一个客户组合，然后躺在上面睡大觉。

合格的机会

让我们再来看另一个战略性决策。有一些潜在客户非常适合你们的公司，是你梦想的客户。他们会花很多钱购买你们的产品，所以对你很有价值；同时，你们的产品也会为他们创造出巨大的战略价值。这些客户有些是大客户，有些是中等规模的客户，但有赢利能力，可以帮助你实现收入增长的目标。还有一些潜在客户可能不会在你的产品上花很多钱，也不会觉得你的产品对他们有特别的战略意义，尽管他们确实会购买你的东西。

但问题是：你的销售团队中有些人认为订单就是订单，无关乎大小，也无关乎赚不赚钱。他们知道很多人都在盯着大客户，所以追求其他的潜在客户更容易得手。即使他们不适合你的收入增长目标。

销售团队的责任是赢得公司需要的客户，而不是销售人员喜欢的客户。如果你允许销售人员自己决定应该跟踪哪些机会，避开哪些机会，你的收入增长就可能面临风险。当一个客户太小，不适合你，或者不值得为它付出努力时，你就应该放弃它，让其他公司去赢这种订单。有些订单的收益根本覆盖不了为赢得这个订单所付出的时间和精力。

在这里，你的第一个选择是彻底去除那些不合格的机会。你不想对机会说不，但当它们不适合你的时候，你必须把它们从你的销售管道中剔除出去。你的第二个选择是让那些喜欢这些容易得手的潜在客户的销售人员，列出一份值得他们花时间和精力去跟踪的客户名单。你的第三个选择是对这些销售人员提供指导、培训或发展机会，帮助他们取得成功。

重要的是找到合格的机会，也就是能让你在流失收入之外，产生新的净收入的机会。你必须做出决策，确保你能赢下你需要的订单。

不良的态度和对文化造成的威胁

虽然你可能是销售主管，但经常会有人扮演"销售的精神主管"这个角色（这里没有一个更好的术语来描述他们）。销售人员经常根据这个人的态度来决定什么是好的、正确的和对的。这个人偶尔会支持你，但更多的时候，他会反对你的愿景，并把你的文化置于危险之中。

我曾经碰到过一位"销售的精神主管"，他经常告诉销售团队，他们的高级主管做错的原因，他们不必去寻找新客户而应该等待客户主动发出的招标文件的原因，公司这种高信任、高关怀和高价值的销售方法是他们输掉订单的原因等。这个人的观点是，高价格是他们输掉订单的真正原因。因为他有很强的个人魅力，而且相信自己是公司里最聪明的人，所以在他周围聚集了一批支持者。他争取到的人越多，他们就越想向他们的销售主管施压，要求改变公司的销售模式。他很快就毁了这支销售队伍和公司的文化。

如果是我，我不会允许他在公司干这么长时间的，而且我会把强大的文化置于任何人之上，尤其是当这个人用他糟糕的理念感染了其他人的时候，更要强势。摆脱一个不好的员工是很困难的，但重建一个可以创造收入增长并发挥正面作用的销售文化，要更困难。你越迟做出决策，避免进一步的伤害，后果就越严重。

　　在这种情况下，你首先需要与人力资源部门合作，开始解雇这个人的流程。即使这意味着你可能要经历几个月的会议和大量的文书工作。其次，每当这些人开口诋毁你的时候，你都要在团队面前向他们解释为什么他们说得不对，为什么他们的销售方法才是真正的失败。最后，你可以要求这些人每周参加两次辅导会议，并写出计划来改进他们的态度，并告诉他们你会判断他们是否已经改好了。一旦你拒绝了几份计划，又让他们重写了几份计划，你可能会发现，他们可能自己就走人了。

　　你不能允许的就是，让这个人毁了你的销售队伍或者削弱了你的领导力。当我 12 岁的时候，一个 15 岁的孩子打了我的脸。我不想和他打架，但我还是要反抗以保护我自己。你可能不想发生冲突，但这种事一旦开始，你就必须结束它。这样做的好处是，人们会知道你关心你的团队和你的文化，你会捍卫它。

"我的销售风格"

　　当一个销售人员说他们有自己的销售风格时，他们其实是在说，他们没有行之有效的销售方法，但他们还是比你、你们的销售领导层和其他任何关心销售效率的人都更聪明。这种"风格"可能包括无法高效地找到潜在客户，无法做出事先的规划，无法深入了解客户的需求，以及在与本来有希望签下订单的潜在客户会面时，信口开河。

在销售沟通中，人们有足够的空间在不排斥你的销售方法、指导方向、策略或其他任何你对团队的期望的情况下，发挥自己的创造性。但凡事总有个底线。我最近看到一个销售人员创建了一套他们自己的销售方法，而不是使用公司制定的方法。在他们发给客户的电子邮件中，几乎没有任何文字，只提供了一篇博客文章的链接。虽然他的意图是好的，但他的策略却非常低效。

这些销售人员之所以这么做，是因为他们觉得这么做舒服。他们很难理解为什么自己会失败，而别人会成功。但是当你推行一种销售方法时，不是因为这种方法让人舒服，而是因为你相信这是创造和赢下订单的最佳方式。它不是你的销售团队可以随意选择的销售方法。相反，它是你确保团队创造引人注目的、与众不同的价值的方式。这种价值会让你们赢得订单，并在销售沟通中保持高效。

有效性是收入增长公式中的一部分。如果你的工作产生不了效果，那么再努力也无法增加收入。当你做出这个决定后，你首先可以要求那些喜欢自己风格的销售人员重新掌握正确的销售方法，并在现场展示，你最好在一旁观察并鼓励他们不断应用他们学习到的新方法。其次，你可以在一个安全的环境中指导他们并进行角色扮演，帮助这些销售人员获得成功。最后，如果这个人不愿意学习你的方法，那么他们将不得不去寻找另一家相信他们的"风格"会为他们带来成功的公司了。

正如我们之前看到的那样，如果你对战略性的问题、挑战和障碍都置之不理，它们就会伤害你的业绩。不要拖延，马上做出决策。

对于自己工作的决策

我会记笔记，检查自己做出决策后的效果。你可以记下做出的决策，以及在做决策之前你认为会发生什么，以及最终的结果是什么。坚持下来，你会在做决策方面越做越好。你也会更客观地看待决策，更快速简单地做出正确的决策。

在结束这一章之前，我们必须讨论一下你对自己的日常工作会做出什么决策。每天上班时，你都要面临选择：是帮助团队获得成功，还是找些让你看起来很忙的琐事去拍上级的马屁？如果你同时伺候两个主人，你就不可能不让其中的一个失望，或者让两个人同时失望。因此，决定要让谁失望以及打算怎么让他失望，很重要。鉴于你们公司已经有太多的马屁精了，所以在你的职业生涯中最可靠的进步方式就是，确保团队实现他们的目标。

你可以利用自己的时间做很多事情，但如果你做的事情不是和你的团队一起完成的，你就会把收入增长的目标置于危险之中。当然，你可以自愿去调整客户管理系统的显示界面，但这就像教练离开场边的教练席去调整记分牌上的指示灯一样。既然是教练，就要明确自己的位置。另外，在你的公司内部没有任何事物能产生新的净收入，你需要增加的收入都是在公司外部找到的。

销售主管经常抱怨他们没有足够的时间完成自己的工作。毫无疑问，销售主管的工作是困难的。然而，你每天拥有的时间和这个星球上的其他人一样多。所以只要你不把时间浪费在那些不能带来收入增长的事情上，你就有足够的时间去完成你认为最重要的事情。

更具体地说，你和你的团队一起工作的时间越长，他们的业绩就会越好。如果你不这么干，那么在你的销售团队中，会不可避免地有很多人陷入挣扎、困惑和离心离德当中。花时间和你的团队待在一起，会改进他们的业绩；而把时间花在公司的内部事务上，对你的业绩毫无帮助。例如，一些研究表明，销售人员希望从他们的销售主管那里得到更多的指导。他们希望在个人和职业上都获得发展，并在交易策略方面获得更多帮助。简而言之，他们想要成长、进步并改善他们的业绩。也许你认为你没有时间去指导团队中的每一个人。但是你花在收件箱里的时间越少，你就越有时间去帮助那些销售人员，而他们可以为你带来你需要的结果。对内，在最低程度上遵从规定就可以了；而对外，要以最大限度的投入以及最好的结果为目标，并培养出一支训练有素、发展良好的销售团队。

第六章
CHAPTER 6

销售策略

你新雇来的销售人员并没有按照你认为他们应该采用的方式进行销售。在上一份工作中，别人教给他们要通过降价来赢得潜在客户的订单。对于销售人员一直要求你降价这一点，你很不高兴。不仅因为没有必要，还因为它减少了你的收入、减少了客户数量增加后应得的利润。

如果你希望团队能成功地创造和赢得新的机会，就要为他们制定一个合适的策略，并将所有的努力和这个策略结合起来。你的策略为你提供了如何竞争、赢得机会以及新订单的方法。无论采取什么策略，最好一以贯之，要确保不偏离最初的选择，并要求团队在任何情况下都使用相同的策略。

大多数销售主管在谈到他们打算如何赢得竞争的时候，提到的都是销售方法："解决方案销售""挑战型销售""战略型销售""顾问型销售""需求满足型销售"等。但这些都是销售方法，而不是销售策略。（这些方法大多徒有虚名。）换句话说，它们都是"咨询型销售"中的不同种类。按照这个模式，我自己的销售方法也属于咨询型销售，属于"第四级价值创造"（Level 4 Value Creation™）这个种类。咨询型销售中的销售方法很多，你不能把它们和销售策略混为一谈。

两大销售策略

对于你的团队来讲，理解你的策略并不折不扣地执行它，是收入增长的关键。当那些不听话的销售人员试图走捷径，偏离了你的策略时，他们就会伤害到你的业绩结果，比如破坏你们公司的交付模式、抓不住你创造出的机会、不能为客户提供更好的结果，无法获得更多的价值（也就是利润）。你的销售策略必须符合你们公司的销售模式，才能使你的团队以及你们的公司获得成功和发展。

一个销售团队可以采用两种主要的销售策略来获得成功。我们称第一种为交易型策略（Transactional Strategy）。交易型策略是指你为客户提供他们需要的东西，中间没有任何摩擦或复杂的地方。大多数没有经历过交易型销售的销售主管和销售人员都会觉得很难，因为这种策略在销售过程中，很少会和客户对话或者进行咨询。基本上就是你卖他买，直截了当。咨询型的销售人员可能会嘲笑交易型的销售人员就是个接单的人，但这正是这种销售策略的设计初衷。

第二种主要的策略是咨询型策略（Consultative Strategy）。"咨询"这个词的意思就是你提供业务建议，告诉他们需要做什么来改善结果。大多数销售人员错误地认为，咨询型销售用不着使用那些高压的战术手段，只用向潜在客户提出一系列问题，引出他们业务中需要改善的地方就可以了。真正的咨询型策略是建立在咨询、顾问和建议之上的。在咨询型策略下的许多销售方法形成了某种版本的"解决方案销售"，我们将在后面讨论。

交易型策略

当你的潜在客户需要购买一些他们经常购买的东西，并且产品或服务不太可能出问题的时候，交易型策略就很有效。即使出现问题，它们也不太可能伤害到客户，因为他们可以很容易地从另一家公司购买新的产品。然而，也有例外情况，交易型销售也有可能造成严重的损失。比如建筑工地的材料没有及时到位，而他们的工人已经在现场准备工作了，这会给公司带来时间和金钱上的损失。

下面是交易型策略的另一个例子。想象一下，你正在销售一种便宜的小型电脑芯片。你坐在办公室里的内部销售团队打电话给小型制造商，说服他们购买你的芯片。因为它们很便宜，所以买家很容易就会下订单。因为风险很小，所以你的策略就是直接说服人们购买你的芯片，反正他们一直都在购买这些东西。交易型策略就是设计出来进行交易的，它会消除购买过程中的任何复杂性或摩擦。

有了互联网，可以在任何时候销售任何东西，它本应减少对交易型销售人员的需求，不需要专门的销售人员了。然而，互联网虽然已经淘汰了一些使用交易型策略的销售人员，但仍然有非常大的销售组织使用这种策略每年赚取数十亿美元的收入。

咨询型策略

咨询型策略和交易型策略正好相反。当你的客户需要咨询、顾问和建议来确保为他们的公司和未来的结果做出正确的决定时，咨询型策略就很有用。很多时候，如果客户做出了错误的决定，就可能带来严重的负面后果。

为了避免这些后果，咨询型策略就是要帮助他们做出正确的决定。咨询型销售要为客户提供好的建议，帮助决策者做出购买决定，获得期望的结果，并避免那些可能破坏他们业务的错误。一般来说，当客户很少做这类决策，或者这项决策对他们而言事关重大时，咨询型策略最有效。

虽然在销售中，一直都需要销售人员提供建议，但现代买家和决策者需要销售人员提供更多的帮助，包括更深刻的洞察力、更完善的买家流程引导，以及在管理他们的变革计划时，具备更多的专业知识。

两种策略，两种销售团队

让我们继续考察销售芯片的例子。在有些公司里，内部和外部销售团队都会给客户打电话，但使用的是不同的销售策略。内部销售团队使用交易型策略，打电话给他们的客户说服他们下单，这种策略可以确保客户拥有需要的产品。而外部销售团队面对每个季度购买数百万套芯片的大公司，采用的是咨询型策略。因为大公司的购买策略都是战略性的，他们的需求和期望远高于小型制造商。外部销售团队的咨询型策略可以帮助大型制造商解决他们面临的挑战，比如服务水平协议。

销售主管有时会在销售策略上做出错误的选择，达不到收入增长的目标甚至会毁掉他们的销售队伍，但是，使销售团队真正陷入麻烦的是允许销售人员实施与目标不符的销售策略。

错误的销售策略如何毁掉一支销售队伍？

我所熟悉的一家公司拥有出色的服务能力、强大的资金支持，以及所有能够增加收入的要素。然而，他们的高级销售主管却认为，交易型策略是获得新客户和新的净收入的最快方法。由于这位领导者强势推行交易型策略，所以销售团队只能坐在办公室里给一个客户打一次电话，也就是传说中的"一次电话成交"。

遗憾的是，这家公司的潜在客户拒绝这种销售策略：许多潜在客户在一次电话结束后，并没有准备好签署合同，即使它不需要预付款。而且他们提供的服务也与潜在客户的商业模式有冲突，吓跑了许多人。尽管他们的客户本来可以使用这家公司的服务改善他们的业绩，增加他们的整体赢利能力，但他们拒绝下单。而许多下了单的客户从未使用过这家公司的服务。事实上，那些无视"一次电话成交"要求的销售人员反而能赢下客户，并帮助这些客户取得成功。但这些销售人员不得不伪造他们的报告，来掩盖他们和客户额外的会面。

最终，这家公司失去了许多销售人员。而这些销售人员都是那些能够成功执行咨询型策略的人。他们能够花时间告诉潜在客户为什么要改变、如何改变，以及如何在他们的团队中建立共识。这位高层销售主管要求的策略对客户无效，毁掉了销售队伍，也损害了公司的整体业绩。

市场领导者的修炼

弗雷德·威尔斯玛（Fred Wiersema）和迈克尔·特里西（Michael Treacy）合著的精彩著作《市场领导者的修炼》（*The Discipline of Market Leaders*）一书提供了市场领导者的 3 种主要策略。尽管有 3 种不同的策略，但这些公司在使用时都是一以贯之、从不偏离的。了解这 3 种策略可以帮助你确定哪种策略最有助于你提升业绩。

第一种策略是始终保持最低价格。作为销售主管和销售人员，我们相信较低的价格会让销售变得更容易，而且如果价格更低的话，确实可以卖得更多。但就执行而言，保持最低价格是 3 种策略中最难的。你必须压榨你的供应商，降低员工的工资，把节省下来的钱补贴给客户。希望为客户提供优惠的销售人员不知道这些优惠是否符合你的销售策略或者你的交付模式（也就是你创造的价值）。低价策略是交易型策略，不是咨询型策略。

第二种策略是永远拥有最好的产品。有一些电脑公司、汽车公司、旅馆、餐馆和珠宝店，它们的产品奢华程度超过竞争对手。虽然你偶尔可能有一款很好的产品或服务，但你永远达不到这种公司不断创新产品或服务、不断提高标准的境界。当你发布一款新产品后，公众反响强烈，客户们排起长队时，你知道这就是你的策略。保持这种速度需要足够的利润来不断创新。这样的公司不提供折扣，因为这破坏了他们的交付模式。

第三种也是最后一种策略是威尔斯玛和特里西所谓的"客户亲密度"策略。许多（如果不是绝大多数的话）咨询型策略实际上执行的就是这种策略。它建立在为客户提供最佳的解决方案和解决他们的问题上。它拥有产品的专业知识，可以定制适合特定客户的解决方案。在这种模式下，你会发现你和竞争对手差不多，而有些对手的交付模式允许他们给出更低的价格。这会让销售人员感到困惑，想知道为什么自己的公司不能打折。在这3种策略中，这一种最需要销售的有效性。因为你不能指望更低的价格或者拥有最好的产品或服务，所以你只能依靠销售的有效性。我们将在第十章回来谈销售的有效性这个话题。

交易型和咨询型这两个术语并没有明确地告诉销售人员他们应该如何竞争并赢下订单，也没有告诉销售人员为什么不能做其他公司经常做的一些事情。作为销售主管，你要教会你的团队什么是好的、正确的做事方法。你还要帮助他们理解你为什么选择这种策略。

子策略清单

在交易型策略和咨询型策略这两大类型中，还有许多不同的子策略。不同的公司可以在不同的时间执行不同的子策略，以达到包括收入增长在内的目标。并非所有这些策略都适合每个销售团队，但它们都值得你了解一下。你可以根据需要合理选择，制订收入增长的计划。

掠夺性定价

我第一次接触掠夺性定价（Predatory Pricing）时，是一位客户（通过邮件）告诉我，他已经替换掉了我和我的公司，代之以一家刚搬到我们城市的竞争对手。在那之前，我这个行业里的所有公司都有很高的利润率，而且每家公司基于自身对收入增长的计划，都有足够的业务。为了获得维持运营所需的收入和利润，这个新来的掠夺者把价格定得足够低。对那些每年花费数百万美元的公司来说，这是一个不可抗拒的报价。我的公司和我们所有的竞争对手都被这条红海里的新鲨鱼抢走了客户，他们以这种方式给了我们一个下马威。

为了与这位可怕的新邻居竞争，其他公司也开始降价。他们不知道掠夺性定价只是为了获得足够的客户，以便在市场上生存。许多销售人员不关注商业领域发生的事情，所以他们不知道丰田正是利用这种策略进入美国汽车市场的。然而，像丰田一样，掠夺者没有兴趣在将来还给他们的客户同样的低价格——掠夺性定价的全部意义就是在市场上建立自己的地位，然后再提高价格。随着越来越多的公司进入我们的行业，价格再也没有回到以前的水平。

抢占地盘

你可以把掠夺性定价视作抢占地盘的一种手段，但抢占地盘的主要目标是在某一市场中击败你的竞争对手，并获得那里的客户，以防止竞争对手得到他们。当客户转换供应商的成本很高，或者你和你的竞争对手之间区别不明显的时候，先赢得客户就变得尤为重要。

我前面提到的那位推行交易型策略的高级销售主管需要的就是抢占地盘。如果允许他的销售团队采用基本的咨询型策略，他就会成功。你需要的是获得客户，即使这需要时间。如果你试图加快速度，但最后输了，其实还意味着你让你的竞争对手获得了客户。

竞争性替代

你可能听说过欧洲工商管理学院（INSEAD）的教授金伟灿（W. Chan Kim）和勒妮·莫博涅（Renée Mauborgne）提出的蓝海战略（Blue Ocean Strategy）。蓝海战略是一种为我们提供竞争优势的战略思路。蓝海的对立面是红海（Red Ocean）。

红海是一片由于凶猛的食肉动物争夺客户而形成的鲜血淋漓的水域。

许多销售组织必须取代他们的竞争对手才能赢得客户的业务。在我的作品《吃掉他们的午餐：从竞争对手那里赢得客户》（*Eat Their Lunch: Winning Customers Away from Your Competition*）一书中描述了如何做到这一点。执行掠夺性定价的公司把每一笔订单都当作一笔交易型订单来对待，但大多数竞争性替代都需要咨询型的销售方法，一种说服客户做出改变的方法。

有十几种原因可以促使你的潜在客户从竞争对手那里转到你这里来。这些原因包括竞争对手自鸣得意、自以为是、对客户冷漠、怨声载道以及新出现的利益相关者。但最有可能取代竞争对手的是他们没能解决的系统性问题。这就好像他们锁上了窗户，但大门却洞开。

竞争性替代的策略从了解客户的想法开始：向客户解释正在发生的事情，他们的环境发生的变化，以及这些变化将如何损害到他们的业务（如果还没有损害到的话）。你可以这样想：你的潜在客户现在需要某些更好的东西。竞争性替代需要耐心以及长期专业性的坚持。

我是在红海中成长起来的，我对这种竞争很了解。当你生活在这种环境中，不管竞争对手是谁，你都不能成为小丑鱼。你要成为逆戟鲸，唯一能捕食大白鲨的动物。

捍卫者的挑战者

这种策略是竞争性替代策略的衍生品。它要在某个客户的花费中分得一杯羹，但不是拿走客户的全部花费。这种策略允许客户保留现有的供应商，但你要从他们那里拿走一部分业务（即使他们不愿意与你分享他们的客户）。现有的供应商会更加努力地捍卫他们现有的地位，而你会挑战他们，拿走本来属于他们的订单，最终获得可观的收入。

挑战者的目标是比捍卫者更专注、更投入、表现得更好，从而获得最大的业务份额。执行这个策略可以帮助你成为捍卫者，把你的竞争对手变成挑战者。只要你的客户不能从现有的供应商那里得到他们需要的东西，你就有机会执行这个策略，因为决策者不会为了保护他们的供应商而失去他们的客户（这就是这些供应商被取代的原因）。

站稳脚跟，逐渐扩张

当你提供多种产品或服务时，先站稳脚跟然后逐渐扩张，是一个很好的增加收入的策略：你先赢下一块业务，然后利用这个机会引入更多的产品或服务。如果你是一家可以在很多方面为客户创造价值的公司，就可以通过这种方法，在你已经做的事情上继续创造新的价值。

另一种执行这一策略的方法是，让你客户那边的联系人替你背书，把你介绍给新的部门或者子公司。大多数销售组织都表示他们想采取这种策略，但在你站稳脚跟的地方逐渐扩张，要比扩张到新的部门容易得多。即使在同一家客户的公司里，大多数其他部门都已经有了适合的合作伙伴。他们要么对为你背书的同事不够了解，无法接受他们的推荐，要么不想经历痛苦的改变。

渠道伙伴

有相当多的公司和渠道伙伴合作，让渠道伙伴替他们销售。特别是在向客户销售各种产品和服务的科技行业中，更是如此。当你观察像 CDW❶ 这样的科技公司时，你会发现它们有来自多家公司的产品，其中很多产品都在竞争同一个客户的业务。

这种策略不仅能控制销售成本，还能接触到渠道伙伴的客户。而渠道伙伴可以采用交易型的销售策略或咨询型的销售策略，或者同时采用两种策略。

一致性和收入增长

作为一个追求收入增长的销售主管，你必须保持销售策略的一致性。你要找出一种销售方法来支持这种策略，帮助

---

❶ 一家科技产品零售商，向企业、政府和卫生保健客户出售计算机、软件等产品。——编者注

你的团队执行这种策略，创造和赢下订单。如果你的策略是咨询型的，那么团队中的每个成员都要使用你指定的咨询型销售方法去寻找订单；任何销售人员都不能使用交易型策略或交易型的销售方法来进行销售。

如果你的团队采用的是交易型策略，你也必须同样如此。对于习惯于在销售沟通中创造价值的咨询型销售人员，这么做是困难的。如果你采用的是交易型策略，那么你就会通过打电话来创造并收获订单。当咨询型销售创造不出更大的价值时，就没有理由花时间去创造客户不想要或不需要的价值。大多数情况下，这些客户只想知道你的价格和你什么时候能交付给他们需要的东西。

当销售人员不理解创造和赢下订单所必需的销售策略（比如咨询型策略）和销售方法（比如基于洞察力的现代销售方法）时，你就会失去获得新的净收入的机会。在咨询型策略中不能为客户创造任何价值的销售人员——通常是因为花了太多的时间谈论你们的公司、你们的客户和你们的解决方案——没能充分利用他们的洞察力，提供良好的建议，证明他们能为客户提供更好的结果。

强行推广你的销售策略和销售方法

销售策略的主要组成部分是你决定不做的那些事情。西南航空公司不会免费托运你的行李，也不会给你除了椒盐脆饼以外的任何食物；丽思卡尔顿酒店不会在房价上打折；那些向你推销新车保险的垃圾邮件发送者永远不会把你拉黑。

公司缺乏销售策略的一个明显迹象是，他们不会拒绝那些不适合他们公司的潜在客户或潜在订单。你的销售策略要求你拒绝那些不适合你业务的东西，要求你制定硬性标准，不允许销售人员在你不想要的订单上浪费时间。

在我的一项业务中，我们不要小客户。我们跟踪的是有大量需求的大客户。同时，他们也认为我们的工作对他们的业务战略很重要。他们认为，比起我们的竞争对手，我们的重要性值得他们投入时间和稍高一点的价格。我们拒绝小客户，因为他们占用了我们要用在大客户身上的时间和资源。

一位销售主管曾经问我："你如何拒绝一位销售人员给你带来的订单？"你可以说："不，我们不需要这个订单。"如果我们降低标准，什么订单都接受，销售人员将不再遵守你的销售策略，而你会得到越来越多你不需要的订单。

销售主管有责任强行推广一种销售策略和销售方法，确保他们的团队赢得那些能够创造收入增长的订单。强行推广一种销售策略可以确保你不会因为追求不合适的订单而破坏公司的交付模式。要做到这一点，你必须教导、培训你的销售人员，并捍卫你的销售策略和销售方法。

销售组织中的一致性

你还需要把你的销售策略和销售方法与公司的总体销售策略保持一致。你没有理由花大力气去获得那些不适合你们公司的客户（尽管很多销售组织就是这么做的），然后根本不知道如何去帮助这个客户或这家公司。根据你们公司的规模，你可能还需要与高层领导团队保持一致，确保他们支持你的销售策略。

最重要的是，你必须花时间和精力和你的销售团队取得一致，让他们认同你的销售策略、销售方法和你想要的客户。那些说他们有"自己风格"的销售人员将学会一种新的风格。那些习惯了销售主管对每笔订单都说"是"的销售人员，将学会在他们给你带来一笔不符合你标准的订单时，听到一句坚定的"不"。那些习惯于跑到销售主管那里为潜在的客户争取利益的人，将学会在第一时间对客户的要求说不，然后和他们谈判一些你可以接受的条件——而不是和你谈判。

通过明确你的销售策略，你解释了你要做什么、为什么要这样做、如何做以及所有你不想做的事，这可以让你省下大量的时间、精力和口舌。违反你的策略会自动得到一个"不"，对于这个决定没有任何上诉的机会。

你需要坚定的管理意志来推广你的销售策略，每个销售人员都要遵守它。它可以确保你在正确的时间，以正确的方式，面对正确的目标，做正确的工作。它还能确保你的公司照顾好你们的客户。而只有这样，这些订单才能带来新的净收入，从而实现收入增长。

第三部分

问责制、人员及效率

在这一部分中，我们要把一些事情安排到位，以便确保实现目标。首先，我们要创造一种积极的问责制文化，然后增加一些制度安排，推动变革自动进行，而不必整天和你的销售团队唠唠叨叨，纠缠不清。做完这些以后，我们就可以把注意力转到最重要的事情——人员！这一部分的最后一章将为你提供有力的指导，帮助你提高团队的效率。

第七章

问责制

　　为什么有些销售组织年复一年地取得收入增长，而处于相似市场环境中的竞争对手却常常连续几年陷入停滞？无论是成长的公司还是停滞的公司，领导其销售团队的都是聪明而积极的专业人士。而且这两类公司都能为客户提供他们需要的产品或服务。那么，是什么造成了这种差别？根据我的经验，这可以归结为一件事：问责制。

　　我们已经说过，如果没有对更好的结果和更好的对未来的详细愿景，就很难实现收入增长。这一愿景的背后必须有问责制的支持。但不是任何问责制都可以，必须是建立在积极文化基础上的、持续的问责制。在这种文化中，每个人都能按照要求行事，信守承诺。不要把它误认为是那种领导者靠威胁、施压和使用其他形式的强制力来激励销售人员的消极文化。

　　我曾经看到过一位新任的首席执行官惩罚他的销售主管和销售团队。他这是浪费了一个创造积极文化的机会。他批评销售团队和他们的领导，甚至诅咒他们，认为他们要对糟糕的业绩负责。仅仅一个下午，他就制造了一种消极的文化，导致几位销售主管想方设法离开这家公司。在他的长篇大论发表后不久，这家公司所在的行业就崩溃了，本已微薄的收入进一步减少，这位领导者的绝望情绪也进一步加剧。但在这个时候，他的销售团队已经知道他的作风了，所以当他需要他们竭尽全力挽回损失的时候，他们甚至都不愿意尝试。

强制力是软弱领导者的选择，因为他们缺乏影响他人的情商和说服他人的技巧。当领导者以自我为中心时，你经常会看到这种情况。这些领导者不去照顾团队中的其他人，反而认为员工应该迎合自己的需求。独裁者没有能力创造一种积极的问责制文化，而问责制文化是实现可持续性增长的最可靠的途径。

在自主性和纪律性之间取得平衡

在职场中，很少有人能像销售人员这样拥有如此多的自主性。那些意志坚强、严格自律的人在自由度最大的岗位上做得最好。然而，也有一些缺乏自律的人，无法在不受约束的情况下完成必要的工作——他们即使不明确反对，也总是逃避做必要的工作，特别是逃避做那些他们本人不喜欢的必要工作。如果没有足够的自律来驯服销售人员的自主性，他们就无法在正确的时间以正确的方式完成正确的工作。

我更喜欢聘用那些有足够自律的人，他们不需要别人告诉他们或提醒他们，就能自己完成工作。我有 3 个孩子，我没有兴趣在工作中再多养几个孩子。此外，我的主要领导风格是自由放任的，所以我很难和一个需要我亲自推动才能完成工作的人一起工作。不能利用机会的销售人员对收入增长的宗旨伤害太大了。

幸运的是，有很多种方法可以加强你的团队纪律，而且问责制也是创造收入增长的一个非常重要的策略。在本章中，你将学习如何创造一种积极的问责制文化，从而提高你的业绩。

心理安全和积极的文化

在《高效的秘密：优化工作，高效是一种科学》（*Smarter, Faster, Better: The Secret of Being Productive in Life and Business*）[1]一书中，作者查尔斯·都希格（Charles Duhigg）讲述了谷歌公司——谷歌现在已经成为"搜索引擎"的代名词了——开展的一项研究，旨在发现为什么卓越的管理者如此高效。令他们惊讶的是，这里的决定因素不是领导者，也不是团队的运行方式，而是工作场合的规范。正如都希格所说，"规范决定了我们在工作中是感到安全还是感到威胁，是感到无力还是感到兴奋，是受到队友的激励还是看到他们就泄气"。在另一项研究中，一位名叫艾米·埃德蒙森（Amy Edmondson）的学者在研究医疗事故时发现，"有人说强大的团队鼓励开诚布公地交流，而弱小的团队不鼓励这么做，这种说法有些太过简

---

[1]　中信出版社，2017 年，宋瑞琴、刘迎译。——译者注

单……在一次采访中，一位护士主管解释说，'错误多多少少总会发生'，所以一个'非惩罚性的工作环境'对于有效地处理这类错误至关重要"。

如果从员工的需求角度去思考，这是说得通的。马斯洛的模型指出了人类需求类似金字塔形状的层次结构❶。最基本的是生理需求，其次是心理安全（Psychological Safety），然后是归属感。当你像那个创造了消极文化的首席执行官那样，用工作和饭碗威胁员工时，金字塔底部最宽的 3 层就产生了不确定性。在第九章中，我们将介绍一种制度安排，当你的团队中有人无法做出应有的业绩时，你可以使用它，而不必诉诸威胁。

那位护士主管说的"非惩罚性的工作环境"是保护心理安全的核心。和护士一样，销售人员的工作时间经常很长、压力很大，而且这两个群体经常受到同事和主管的恶劣对待。他们当然会犯错误。但在积极的问责制文化中，这些错误都是改进的机会，因为每个销售人员都知道他们能得到主管和团队的支持。

在读到都希格那本书之前，我很早就知道这一点。我做销售主管已经有几十年了，我注意到，提供积极环境的公司不仅人员流失最少，薪酬通常也可以更低。同时我也亲眼

---

❶ 指亚伯拉罕·马斯洛，美国著名社会心理学家。马斯洛认为人都潜藏着五种不同层次的需求：生理需求、安全需求、爱与归属的需求、尊重的需求、自我实现的需求。——译者注

见到过，当一家公司把员工当作达到目的的手段时会发生什么。一位员工在离职面谈中说道，从员工的角度看，这家公司"介于日托中心和最高安全级别的监狱之间"。不久之后，前来面试的人甚至在得到工作机会之前就拒绝在这家公司工作。我们试图改变这家公司的坏习气，但是上梁不正下梁歪，他们的高级领导和销售主管，从上到下一模一样。

我们将在本章后面再讨论心理安全和对积极文化的需要。我们现在先来看看问责制的组成部分，以及如何在你的团队中实施它。

提高你的标准和期望值

有一天，我们家族企业的首席执行官看到我走进办公室。当时大厅的地板上有一张小纸片，我直接走了过去，并没有捡起来。她拦住我，问我为什么不把纸片扔进废纸篓里。她的标准比我的高；她认为我们的大厅代表了整个公司的形象。主要是为了安抚她，我原路返回，捡起那张纸片，扔掉了。

过了一段时间，我才认识到"做一件事的方式就是做所有事的方式"。此后不久，我也提高了自己的标准，开始对自己和销售团队提出更高的要求。因为你正在追求的是一个愿景和一个变革，所以你肯定需要更高的标准，特别是在导致收入增长的活动和结果方面。

设定你的期望值

只有让别人知道你对他们的期望之后，你才能让他们对某件事负责。如果不告诉他们你的期望，却对他们达不到期望而生气，那就不公平了。但领导者通常认为，他们的团队可以读懂他们脑子里的想法，特别是在工作场所的规范方面。

澄清这些期望对问责制至关重要，这意味着你必须以每个人都能听得懂的方式告诉他们你想要什么。不把这些期望说出来，会妨碍你建立积极的问责制文化。比如说，你的销售团队中有太多的人不去寻找潜在客户，对此你感到很沮丧。但如果你只是"建议"团队去寻找潜在客户，并从中受益，那你就没有清楚地传达出你的期望。设定一个期望值应该是这样的："我希望你们每天能拿出 90 分钟的时间寻找潜在客户。如果你每周无法安排 3 次和潜在客户的会面，那么就把这个时间加倍。"这是一个清晰而且可以衡量的期望，不需要进一步的解释或协商。我的一个期望是希望我的团队"优先使用电话"和客户沟通。我们会给潜在客户打电话安排会议，而不是发电子邮件，因为我们把沟通的效果而不是沟通的便捷放在首位。

任何时候，当你发现一些团队成员没有做到他们必须做到的事情时，你要重申并强化你的期望，并确保每个人都理解了你的期望。

交付的最后期限

问责制要求某件事要在规定的日期和时间内完成。没有最后期限，就没有问责制，因为时间只会不停地流逝。在上面的例子中，每天安排 90 分钟寻找潜在客户（如果销售人员和潜在客户的见面次数一周少于 3 次，那就把寻找时间延长到 180 分钟）的最后期限是下班的时候。安排 90 分钟以上的时间寻找潜在客户并不是惩罚。当寻找潜在客户是销售人员的一项主要任务时，这怎么会是惩罚呢？相反，它创造了销售人员需要的机会，这能帮助他们取得成功。

正如我在本书的概述部分提到的那样，创造新收入的一个外部挑战就是销售的时效性。我们有季度目标和年度目标，这些目标要求在正确的时间以正确的方式完成正确的工作。当你的工作没有按时完成时，你就错过了目标。例如，当我在服务业做销售时，在年初赢下一笔大订单是非常重要的。在一年当中，我们越晚赢下订单，我们从客户那里获得的收入就越少。相反，在年初赢下订单意味着更多的收入。因为客户会每周付费；而在年底赢下一笔订单不会在当年产生任何收入，不过至少在明年可以有 12 个月的收入。

不幸的是，每到年底，都有很大比例的销售人员会离开。他们总说，没有客户愿意和他们见面，而这句话很快就变成了一个自我实现的预言，因为确实没有人会和一个从没有给他们打过电话要求见面的销售人员见面。结果就是，销售人员在 11 月和 12 月都不怎么会去寻找潜在客户，这样就会浪费四五个星期。当 1 月到来时，他们又告诉自己，潜在客户刚刚放完长假回来上班，需要给他们时间"收收心"，于是他们又浪费了 1 月的大部分时间。其实在这段时间里，他们应该一直去寻找潜在客户。

让我们假设你的销售周期是 90 天。从 11 月开始，就没有了新机会，这意味着你丢掉了原本在 2 月可以签下的订单。12 月没有机会，意味着你在 3 月没有订单。1 月没有机会，意味着你在 4 月没有订单。时间或销售周期从不骗人，所以你必须按时完成工作。

目的和意义

当你要求你团队中的一个成员在某个截止日期前完成某项任务时，你必须说清楚在这个截止日期前完成这项任务的重要性。目的和意义可以提高团队对这项任务的投入程度。

当一个人要求你做某件事的时候，最糟糕的是他不解释原因，只是告诉你"因为我这么说了，所以你就要这么做"。你会觉得，让你干这件事是一种惩罚，你是在不理解这件事对整体使命和愿景有什么贡献的前提下，去做这件事的。但知道了意义和目的后，这个任务以及它的结果就变得重要起来——它成了一项你要做出的贡献，而不是一项仅仅要打卡的任务。

我知道很多人都喜欢西蒙·斯涅克（Simon Sinek）的那

本著作《从"为什么"开始》(*Start with Why*)**❶**。斯涅克认为，人们从某家公司购买东西的理由很重要，你要知道他们为什么做出这样的选择。而我的经验是，弄清楚"我们是谁"比"为什么要这么做"力量更大。解释"我们是谁"可能在推动销售方面没什么用，但在推动问责制方面，很好用。比如你可以说："我们优先考虑创造新的机会，是因为我们是一家追求成长的公司，我们要赢下那些需要我们的帮助来改善自己业绩的客户——我们在这方面比任何人都做得好。"强调以客户为中心，可以帮助你的销售团队以他人为导向，而不是以自我为导向。而以自我为导向，会导致糟糕的销售沟通。

如果你想让人们对他们的结果负责，那么你就要解释为什么你让他们做的事情很重要。

提供资源

你团队中的销售人员可能只擅长一些销售技巧，但不擅长另一些技巧。他们可能需要额外的帮助才能达到你的期望。如果你有资源可以帮助他们改善业绩结果，务必要确保你的团队知道，他们可以从哪里获得帮助。这将提高他们完成任务的能力，以及他们对你领导力的信任。你的团队应该知道，如果他们需要帮助时，该怎么做、向谁倾诉，以及有

---

❶ 海天出版社，2011 年，苏西译。——译者注

什么资源可以帮到他们。就像你在客户的业务走下坡路之前帮助他们做出改变一样，积极的问责制文化要求你在个别销售人员未能完成重要的任务之前进行干预。

这种干预可能是培训、指导，跟随更有经验的销售人员一起工作，或者使用精心设计的脚本进行角色扮演等。这些手段为个人提供了必要的帮助，可以提高他们对收入增长负责的能力。而收入增长对你和销售人员都很重要。我们稍后会探讨如何开发销售团队的能力。

问责制的核心

销售组织中缺失问责制的一个原因是，他们认为设定了期望值后，他们的工作就完成了。但问责制的核心不只是要求某人承诺实现某个重要的结果。事实上，如果不核查这些结果——特别是在这种情况下，核查那些没有实现的结果——就没有问责制可言。

每当你为你的团队或某个销售人员设定期望值时，你也必须安排一个时间来核查结果。跳过这些用于核查结果的会议等于是在告诉团队，你对自己设定的期望值并不认真。如果因为某些原因不能在约好的时间开会，务必要在空闲后的第一时间重新安排会议，即使是周一早上 7 点，也要安排。核查结果的会议与设定期望值的会议同样重要，因为根据定义，问责制要求你把关注的重点放在结果上。

稍后，我将分享一些开这种核查会议的策略，这些策略将帮助你的团队产出合格的结果，即使一些不听话的销售人员尽其所能地等待着你妥协也不怕。尽管顽固分子可能希望并祈祷所有这些责任一起消失，但我有确实可靠的根据，只要你不放弃、不屈服，收入增长之神就会眷顾你。

人文关怀

当你的团队成员搞砸了的时候，对他们要有人文关怀。想象一下，你的儿子或女儿刚刚找到一份新工作，要对一些重要的结果负责。但是他们经历了一段艰难的时期，几天后，他们的经理对工作结果不满意。你会希望他们的经理如何对待他们？那些努力满足你的期望的人也是别人的女儿、儿子、父亲或母亲，你应该像对待你关心的人那样对待他们。

人文关怀始于更多的培训和指导。你会发现有些人需要更多的时间来学习，尤其是涉及类似 B2B 的复杂销售行为时，更是如此。有些人无法在规定的时间内完成他们需要完成的工作。在这种情况下，应该缩短核查会议间隔的时间，打消这些人等着你妥协的念头。你不必生气，也用不着惩罚他们；通常情况下，增加核查频率足以使一个人更加努力地工作，更加积极。问责制不是惩罚；这是一道防护栏，保护你的员工（和你的公司）避免在未来碰到更糟糕的结果。

培训和指导并不总能起作用，但即使这样，你也不应该因此惩罚这些人。我建议按照顺序执行下面的 3 个步骤。

1. 对员工进行再培训和指导。你既然聘用了这个人，就有责任帮助他们成功。如果你看到了进步，可以让他们接着担任目前的职务。如果没有，那么在某些时候你必须转向下一个步骤。

2. 把他们安排到另一个职位上。销售工作并不像一些人想象的那么容易。你会经常发现，一个优秀的员工在一个不适合他们的职位上，会变得很糟。一个糟糕的销售人员可能是一个出色的客户经理，因为他们就是不喜欢寻找新客户。帮助一个人找到适合他们技能的职位是人文关怀。而且，帮助一个人成功这种事，从来不会让人感到不快。

3. 解聘这个人。当你用尽了前两个选择，你就只能让这个人离开你的团队了。在这个时候，他们不太可能对你的决定感到惊讶，他们可能已经决定离开了。

在两种情况下，不能采用这种循序渐进的方法。首先，不能留下一个消极的人。这种人积极地与你的目标作对，并试图拉帮结派，他们对你的积极文化来说是一个巨大的危险。消极情绪是唯一通过接触传播的"癌症"你不能让它在你的团队中扩散。其次，对于那些违反诚信的人，你需要立即把他们从你的团队和公司中除名。这些行为，例如虚报费用等，都是重大的违规行为。

仁至义尽以及干预措施

在管理中有一个理论，叫"仁至义尽"（Clean Hands），即你在采取任何负面行动之前，必须尽一切努力帮助这个人成功。你的团队一直在看着你是如何对待员工的，不管他们是成功的还是正在经历挫折的。他们需要知道，当他们陷入低谷时，你是否会以一种专业的方式对他们进行人文关怀，将他们视为团队中有价值的一员。"仁至义尽"的做法会创造出心理上的安全感和积极的问责制文化。

当你努力帮助销售人员改善业绩时，你的团队就会知道你在尽最大努力来帮助他们扭转局面。简而言之，即使你的销售人员换了一个职位或者换了一家公司，他们也会知道你已经仁至义尽。但在到达那个程度之前，你要避免做出任何负面行动。

在结束这一部分之前，我必须告诉你一个至关重要的保持积极问责制文化的策略。销售主管经常犯的一个错误是，等销售人员失败了再去干预。让一个人失败从来都不是一件好事，我们之所以要建立一种积极的问责制文化，是因为我们可以尽早干预，防止他们遭受挫折。

当你的团队成员陷入困境时，袖手旁观是不对的。抱着"自生自灭"心态的销售主管总会放任团队的成员淹死。一个相信"自生自灭"哲学的销售主管，在把一个成员扔进"深水区"之前，最好先给成员上游泳课。不要被"自生自灭"这种想法迷惑了：即使是你团队中最强壮的游泳健将，也会观察并学习你是如何以及在何时进行干预的。为了你和他们的利益，在麻烦刚冒头的时候就要进行干预。评估销售机会的会议以及其他问责制度可以在早期发出预警信号。你越早帮助销售人员做出调整，他们成功的机会就越大。

什么是不可妥协的事项？

现在你知道你不必成为一个独断专行的人、一个独裁者，或者成为瑟曦·兰尼斯特❶了。你可以在不用铁腕统治的情况下，带领你的团队成长。你最应该做的是把自己的方法建立在坚实的价值观和原则之上，然后把它们传递给你的团队。然而，还是有一些不可妥协的事情，你的团队必须做到，否则收入增长会变得很困难，甚至不可能。

这个清单不要太长，也许是三到五个项目。太多不可妥协的东西会毒害到你的文化，导致你的团队离心离德，尤其是当他们觉得自己没有发言权，或者他们的想法被忽视或拒绝时，更会这样。同样，如果公司在调查员工的敬业度后没有任何改变，也会出现这种情况。你的目标是员工的投入和参与，而不是被动地服从。你需要他们从心底里认同你的少数几个至关重要的、不可妥协的事项。

明确不可妥协的事项

首先，诚实和正直是不用讨论的。这些品质太重要了，

---

❶ 瑟曦·兰尼斯特是奇幻小说《冰与火之歌》（美剧叫《权力的游戏》）中的人物。她在篡夺者战争之后她嫁给了新王劳勃·拜拉席恩，成为七大王国的王后。她十分有野心，步步为营，独断专行，走上女王之位。——译者注

是不言而喻的，不在我们的讨论范围内。我们要确定的是对收入增长起到关键作用的行动和结果。根据我们前面说的，我希望你的清单中包括"创造机会"和"抓住机会"。

我熟悉的一家销售团队规定，每封电子邮件都必须在 24 小时内回复。考虑到员工平均每天收到 127 封电子邮件，发送近 40 封电子邮件，这个数字是有问题的。假设阅读和回复一封电子邮件只需要 3 分钟，那么你的团队成员每天就要花 6 个多小时处理电子邮件。本来他们可以把这个时间用在创造收入增长的少数几件事情上的。因此，把它作为一个不可妥协的事项是不合适的。

一个更合理的要求是，让整个销售团队从每天早上 9 点起用 90 分钟的时间寻找新客户。如果他们的销售主管认为寻找新客户是实现愿景的核心，就更应该如此。团队中的一些人可能会在开始时在背后称他们的主管为"专断的瑟曦"，至少在他们开始成倍地增加和客户见面的次数、增加他们的机会和获得的佣金之前是这样的。把这件事作为一件不可妥协的事项很完美，因为它会自然而然地带来各种行动和结果。你不必让每个人都成为潜在客户，但每天花一个半小时的时间预约见面并创造新的机会是件好事。

无论你的清单上有什么，一定要是那些对你的收入增长贡献最大的事项。对于每一个不可妥协的事项，你必须一视同仁，不对任何人开绿灯，即使对那些最成功的或最资深的销售人员也一样。顺便说一下，你应该努力推动你最好的销售人员去寻找潜在客户。他们有最丰富的经验和最强大的能力为你的潜在客户创造价值。太多的销售组织没有达到他们的销售目标，就是因为他们没有坚持让他们最好的销售人员去寻找新客户。更糟糕的是，这些例外会让其他销售人员期待着他们不用创造新机会的时候——我说的不是他们退休的时候。

解释不可妥协的事项为什么重要？

在本章一开始的时候，我们已经说过，当你解释一件事为什么重要后，会让一个人更容易对这件事负责。你的解释会让你的团队更容易接受你的要求。如果没有这些解释，团队接受的速度就会很慢，你也很难从团队中得到你想要的业绩。你必须让销售人员接受你的不可妥协的事项，同时也要保护他们不受那些试图拖延、篡改甚至破坏这些事情的顽固分子的伤害。

第三章的内容可以帮助你不断传达相同的信息，而不会听起来像是在重复自己。领英前首席执行官杰夫·韦纳（Jeff Weiner）曾引用大卫·格根（David Gergen，他至少做过 4 位美国总统的顾问）的话："历史告诉我们，领导者要说的话如果只说一次，几乎没有人会听到。"韦纳引用另一位同事的话说："为了有效地与听众沟通，你需要经常重复自己的话，甚至重复到厌烦为止。只有这样，人们才会逐渐内化这些信息。"

参与比服从更重要

你需要的是参与而不是服从，所以，你需要员工认可你的愿景以及你不可妥协的事项。参与和服从不一样。服从并不代表他会投入，会参与其中。

你希望你的团队参与到你的愿景中来，而不仅仅是服从你的指令。你需要他们接受新的行为和新的信念，知道这些对他们的业绩、对客户的成功、对公司的发展非常重要。我们不需要被动服从，我们需要主动参与。你要发现并宣传那些按照要求行事的人取得的积极成果。

当然，为了确保员工的参与，你必须克服一些挑战。让我们先来看看其中的几个挑战，未雨绸缪，做好准备。

参与程度的差别

领导者面临的一个挑战是，团队成员参与的程度参差不齐。这种情况在所有团队中都存在。作为一名销售主管，最简单的办法就是无差别地对待销售团队，以同样的沟通方式对待每个人。但这是个坏主意！不同的人需要不同的东西，其中也包括不同的沟通方式。

要根据每个人的参与程度或服从程度，以不同的方式沟通。应该单独找那些没有参与进来的人谈话，这样可以避免让那些已经参与进来的人以为自己没有得到认可。

你最好花点时间和每个人单独沟通，而不是无差别地对待参与和没有参与进来的人。尽管这比较困难，尽管这意味着你既要和整个团队沟通，又要和团队中的个人沟通，但这样做，比和一群顽固分子同时沟通更有可能获得他们的参与。

改变行为方式的难点

如果一个人的行为对收入增长没有帮助，那么他就无法对收入增长做出贡献。有些人的问题可能是没有全身心投入。在这种情况下，你需要帮助他们参与进来。还有一些人可能认为他们不应该做某些工作，或者认为你应该允许他们做他们喜欢的事情，而不是做必须做的事情。

到最后，你不得不逼迫这些顽固分子行动起来。你的团队中总会有些人即使知道你说的是好的、对的和正确的，但仍然拒绝照办。对我来说最有效的策略就是耗到他们精疲力竭、最终照办（我可以一口气唠叨 3 个多小时，直到我的孩子们自愿交出车钥匙）。

实施人文关怀

没有后果，就没有责任。但后果不应该以最后通牒或威胁的方式开始，而应该以温和的方式以及对改进的关注开始。作为领导者，你应该用自己的影响力来获得一个人的参与，而不是强迫他们服从。你的耐心会给你带来积极的文化氛围。耐心并不意味着你容易妥协——相反，它表示你正在捍卫自己的标准，捍卫你不可妥协的事项和收入增长的目标。

召开一次会议，回顾成员的行动和结果是一个很好的开始。可以让这个人制订一个改进计划，并与你一起检查。尽管有些人会对设计这样的计划感到恼火。可能到了某个时候，必须升级惩罚措施，但你最好不断地要求他们参与进来，尤其是在你没有实施惩罚的时候更要这么做。你要做好长期的准备，并证明你不会从你的立场上妥协。

虽然这些挑战是真实存在的，但是你可以保持你的领导风格始终如一。在给成员们明确不可妥协的行动和结果时，领导者常犯的第二个错误是，他们没有不断地告诉大家这些行动和结果对团队业绩的重要性。最常见的错误是未能明确设定期望并让团队承担责任，以营造积极的问责制文化。

第八章

问责制中的制度安排

　　你可以通过一些制度安排来强化和维持积极的问责制文化。你可以用这些制度管理员工，确保他们创造出既定的业绩。你不用亲力亲为，只要把精力放在核查他们的结果上就可以了。

　　谈到收入增长，有两条通向失败的道路：一是没有创造出足够多的新机会和新客户，二是没有赢得足够多的新机会和新客户。因此，为了达到目标并避免这两个陷阱，你的制度安排应该把重点放在寻找新客户、创造新机会，并获得新订单上。让我们看看这些制度是如何工作的。

自己汇报业绩

　　我们会犯的一个主要错误就是，依靠技术来跟踪销售团队的活动和结果。你的客户管理系统的数据面板呈现得越完整，就越会妨碍问责制的施行。例如，即使一个团队设定了每日或每周拨打销售电话的最低次数，也很少有销售人员能真正地达到标准。因为他们知道，即使他们不那么努力地每天打——比如20个电话，也不会有什么后果。只要他们满足了客户管理系统对他们的要求就可以了。这证明了客户管理系统的数据面板是问责制的一个障碍。销售人员可以拿这个当幌子，借此不用那么努力。如果一个销售主管对这种低产出一言不发的话，就会得到更多相类似的结果，也就是更多的低产出。

过分强调表面上的销售行为，并不是客户管理系统的数据面板和它的报告削弱问责制的唯一方式。作为销售主管，可以看到团队中的每一个销售机会，所以当涉及销售人员的订单时，你可以确切地知道进行到哪一步了。其中一些订单挂在上面的时间太长了，它们都快学会走路了。也许你应该给负责这个订单的销售人员送一块蛋糕，插上两根蜡烛，然后让整个办公室的人一起唱"祝你的订单生日快乐"。这至少可以激励他们在这个小订单上小学之前，为潜在的客户创造出足够的价值来。

在问责制方面，我们犯的主要错误是：我们让销售人员只是汇报他们在前一周做了什么和没做什么，却不要求他们汇报自己的业绩。不要求他们汇报自己的业绩，他们就不会因为自己没有完成别人的期望而产生负面情绪。我这么说并不是要羞辱任何人，而是要让他们面对自己的行为。要把责任和惩罚分开（尽管惩罚也是问责制中的一部分），你可以做两件事。首先，你应该要求团队中的每个人汇报他们的业绩。其次，你可以私下这样做，作为每周单独会面谈话的一部分。

任何要求销售人员汇报自己业绩的会议都有助于改善他

们的活动和结果。即使你已经知道结果可能不好了，让销售人员自己面对这些结果也是很重要的。但要记住我们在上一章学到的"及时处理问题"。保持一个专业的标准意味着，当你意识到一个人正在创造一种对他自己、对你的团队以及你的公司有害的行为模式时，要及时进行干预。忽视问题实际上等于放弃了你的权利，在几周甚至几个月后再解决问题，只会变得更加困难。

如果一个目标重要到需要问责制，那么它就重要到需要销售人员自己汇报业绩，这样才能帮助你保持既定的标准。

每周的销售管道评估会议

每周召开的销售管道评估会议是问责制中非常重要的一个制度安排，部分原因是它迫使销售人员在同事面前公开汇报自己的业绩。

不同的销售机构对于何时以及如何召开销售管道评估会议有不同的看法。大多数销售机构把销售管道中的每一个销售机会都拿出来评估，要求简短地更新它们的状态，而另一些机构只关注在销售过程中取得了进展的机会。不仅会议的结构不同，而且召开的时间也不同：有些团队每两周开一次会，有些团队每月开一次会，而正确的时间间隔应该是每周开一次会。

根据定义，问责制的制度安排有助于确保销售人员完成既定的工作，得到他们应得的结果。许多销售团队没有创造出足够多机会的原因是，他们没有真正让销售人员对创造机会这件事负责。当一个销售人员没有创造出足够多的机会时，他们就会用成交可能性很低的订单和机会塞满销售管道。而这些机会可能在几个月前就已经不能称为机会了。不过坦率地说，一些销售主管对销售管道中充满了僵尸订单的感觉很好。这些订单看起来还存在，尽管它们早就时过境迁了。

每周召开销售管道评估会议的目的是创造新的机会，以建立问责制。它不是用来讨论销售策略的，也不是用来获得每笔订单的最新进展的。因为这个会议的关注点很少，所以它的用时会很短，可以和整个团队一起开会。在这个会议上，你只需要做两件事：一是记下每个销售人员上周创造的每一个新机会；二是分享过去一周获得的所有订单。

召开这个会议的最佳时间是星期一，最好是下午4∶30。这是新的一周的开始，每个销售人员都要汇报他们上一周的情况。每周召开会议的频率使任何销售人员都不愿意连续两周没有找到或创造出任何新机会。两周的时间已经约占全年的4%了，千万不要让一个销售人员损失整整一个月的时间——时间总是过得比你想的要快。这就是我们说的"在正确的时间，以正确的方式做正确的事情"。

在我的职业生涯中，我曾经在短时间内失去了3个最大的客户。我一直是靠这些客户活着的，并没有去寻找新客户。我想，既然我能拿到这么多佣金，为什么还要给陌生客户打电话呢？然而，我甚至来不及眨眼，客户就没了，佣金也没了，而且在销售渠道中，我也没有了销售机会。当我后来被提升为销售副总裁时，我拒绝让团队中的任何人因为他们没有努力而导致类似的结果，所以我利用销售管道评估会议来确保每个人在每周都在创造新的机会。

更具体地说，在这个会议上，每个销售人员都要大声说出他们在前一周创造的新机会、他们潜在订单的价值、客户现在购买的东西，以及他们的下一步行动是什么。在分享了新的机会之后，他们会继续分享，目前哪些订单取得了进展。因为内容很集中，所以任何人都无法掩盖他们在前一周没有创造任何新机会的事实。这也可以防止他们躲在一个已经跟踪了数月之久的大订单背后。这种偷懒的策略几乎总是为了逃避寻找并创造新机会的责任。

收入增长的起点和终点都是新的净收入，而新的净收入很大一部分来自新的机会和新的客户。将这种制度放在适当的位置有助于确保你获得这些新的客户。

工作区域和客户计划

你团队中的每个销售人员都知道他们有责任寻找潜在客户——即使他们假装不是这样。你可能已经知道哪些销售人员会真正去寻找潜在客户，哪些只是应付差事。幸运的是，你可以利用问责制中的另一种制度安排，即工作区域和客户计划，来提高创造新机会方面的总体成果。

鉴于你的团队已经知道为什么要去寻找新客户，你可能认为自己不需要告诉他们应该怎么做才能成功地找到新客户。事实上，如果你给他们明确的方向，告诉他们目标是谁，以及如何寻找，团队的业绩会更好。通过新的客户，你会获得新的机会，以及达到收入增长目标的新订单。这就是区域规划发生作用的地方。

你的团队中可能有一些销售人员，他们很乐意从现有的客户那里获得佣金。他们希望扩大这些客户的订单数量，从而避免去寻找新的客户。这些销售人员可以无怨无悔地这样工作很多年，直到客户转向竞争对手，或者卖给了另一家公司，或者决定用自己的产品取代你们公司的产品时，他们才会感到惊讶。不管是什么原因，销售人员这时会手足无措，对他们刚刚减少的收入感到震惊和压力。因为他们以前没有去寻找过新客户，所以想取代他们以前的大客户还需要几年的时间。比如你失去了一个年订单额达到五百万美元的大客户，那么你现在需要五百万零一美元的新订单才能增加 1 美元的收入。

因为我们感兴趣的是创造新的机会，所以每个销售人员的一部分工作也应该是在他们现有的客户身上创造新的机会。这需要一个客户计划。想象一下，有的销售人员在赢得了一个新的客户后，可能会马上去寻找下一个客户。他们对发掘现有客户的潜力兴趣不大，因为他们更喜欢追逐而不是维持关系。你不需要刺激这样的销售人员去寻找新客户，相反，你必须要求他们在现有的客户身上发掘新订单。否则，随着时间的推移，这些销售人员会失去他们的客户。因为他们没有兴趣深入发掘，这会给竞争对手留下机会取代你。记住，客户流失是最大的问题。因为你不仅没有了新的订单，而且失去了现有的收入！

制订工作区域及客户计划

因为你希望团队去寻找新客户，所以你也必须要求他们制订一个工作区域和客户计划。这个计划可以确保他们完成必要的工作，从而创造出新的机会——并为你现有的客户创造出新的价值——为你提供新的净收入。如果你想留住现有的客户，没有什么策略比创造新价值更有效了。

让我们从客户计划开始谈起。你的团队应该解决以下几个问题：

- 首先，销售人员需要观察他们现有的客户，注意他们目前正在从你这里购买什么。
- 销售人员需要弄清楚，如何利用这些数据帮助客户改善他们的业务，以及下一步应该采取什么措施。
- 如果销售人员知道应该说服谁去改变，知道如何回答"为什么要改变"这个问题，会进一步加强你的客户计划。

当你给销售人员分配了一个工作区域后，你同样需要他们了解这个区域，知道哪些公司已经购买了你们的产品，或者哪些公司可以从改变他们现有的做法中受益。第一个区域计划制订起来总是最困难的，而且几乎总是错的，因为销售人员需要时间来探索和了解他们的区域。

- 按照客户对收入贡献的大小对他们进行排序，从最大的客户开始，逐渐过渡到较小的客户。
- 确定他们的联系人，包括他们的固定电话号码、手机号码和电子邮件地址。
- 销售人员把沟通和改进的想法总结出来，形成简报，这样可以更容易地与决策者沟通。

关键是：销售人员制订了自己的客户计划或区域计划，他们要负责执行它。你有责任审查他们的计划，以确保它可以产生新的机会和可观的净收入。如果有潜在客户，你认为销售人员应该优先考虑，你可以把这些客户添加到他们的计划中。毕竟，即使你把这个区域交给了你的销售人员，这也是你的区域。你对他们的目标客户和开发客户的方式有发言权。

在你们一对一的会议中，你应该拿出销售人员的工作区域和客户计划，让他们向你汇报最新进展。你也可以在销售管道的评估会议中，从销售人员的工作区域和客户计划中获得新的机会。这种问责制的制度安排对你的收入增长起到了支持作用。一旦实施，你就会在寻找新客户之外，有了一个新的收入增长点。

寻找新客户的步骤和方法

为了最大限度地发挥前两种制度安排的效力，你要确保销售团队使用有效的、咨询型的销售方法来寻找潜在客户。

最好的一条策略就是建立一套寻找潜在客户的步骤和方法，通过多种媒介和客户交流，包括为客户提供一些具有洞察力的见解，获得客户的关注。你不必购买什么花哨的软件来实施这些步骤，特别要避免那种简单发送几个电子邮件督促工作的软件——垃圾邮件从来都不会吸引人们的注意。虽然简单的重复劳动可能很容易，但它没有人与人之间的沟通，也很难产生期望的结果。

在这里提供的防御措施可以防止销售人员在第一季度给潜在客户打一个电话，但直到第三季度才跟进的情况。当销售人员隔了很长时间才要求和客户见面时，就抓不住客户的注意力，当然赢得不了客户的信任，客户不会把他们当作可以改善自己业务的可靠顾问。如果你允许团队自己给自己规划步骤和方法的话，建议让他们从一个一般性的步骤方法开始，同时加上一些你要求他们遵循的原则：

- 第一个原则是"电话优先"。因为打电话并要求和客户见面意味着销售人员不需要使用七八种不同的方法和客户接触。在一个研讨会上，有人问我"可否在8个星期内给客户发8封邮件"。我敢肯定，你的团队正在接触的决策者们都很忙，没有一个是在寻找笔友的。等两个月再打电话绝不是个好主意。

- 第二个原则是"让他们听到你的声音"，这意味着每次销售人员打电话时都要语音留言。否则，这就像敲了他们的门，然后跑掉一样。确保潜在客户知道销售人员正在努力联系他们。

- 第三个原则是永远不要让客户给你回电话。相反，销售人员要说他们会在第二天给客户回电话。潜在客户没有责任跟进销售人员，跟进是销售人员的工作。

- 第四个原则是在不要求会面甚至回复的情况下，发送一封为客户提供价值的电子邮件，以换取客户的时间（即阅读电子邮件）。另外，邮件中应该写明销售人员第二天会给客户回电话。

- 第五个原则是多接触，进行"不求回报"的沟通。例如，打印一篇文章，画出重点，手写一张便条，说明它为什么重要。这样销售人员就可以模仿一种模式，在与客户见面之前就为他们提供建议。我们称这些沟通为"不求回报"的沟通，因为它们是在没有要求任何回报的前提下，为客户提供价值。

这种专业的步骤和方法具有巨大的价值。它的核心在于强调耐心和专业的坚持，这是最终和客户见面所必需的。销售人员知道，他们必须提供有洞察力的见解，表明他们在客户现在或即将遇到的挑战、问题和障碍方面有解决的办法，才能获得客户的信任。这些方法还让你有机会向潜在的客户解释他们的世界中将要发生的事情，从而增加和他们会面的可能性。

每季度的内部业务审查会议

现在，你在团队中建立了"自己汇报业绩"的制度，即使有一些人因此叫苦连天，但这增加了销售人员的活跃程度。你们现在也在每周召开销售管道的评估会议，重点讨论前一周创造的新机会。你制订的工作区域和客户计划已经到位，正在通过稳定的步骤和方法来寻找新的客户，这增加了团队的活动，同时也将他们定位为咨询专家。

问责制的最后一项制度安排是每季度的内部业务审查会议。这个会议要求每个销售人员汇报上个季度的业绩，然后分享他们下个季度将要做出的改变。你和你的团队都会意识到，在实行了这些制度之后，下个季度你们看起来会有多么不同。简单地说，这些制度是一套规则，可以帮助你创造新的机会，赢得新的客户，并在你流失的客户收入之外产生新的净收入。

团队中的每个人都需要汇报那些能够创造新机会和产生新收入的主要客户的情况。他们还需要汇报在此期间获得的新客户及其产生或预期将要产生的新收入。他们在自己负责的区域工作时应该了解到了一些情况，比如哪些竞争对手拥有哪些客户，以及他们接触的潜在客户公司的决策者是谁。

你希望每个销售人员都能学到一些帮助他们在未来获得提升的东西。他们互相分享知识，可以帮助自己的队友提高业绩。你希望知道每个人都会做什么不同的事情，以及他们认为自己还需要做哪些更多的事情。通过这种方式，你们已经超越了简单地让每个销售人员对结果负责的境界。他们现在是对彼此负责，因为他们都为建立一种积极的问责制文化做出了贡献。

第九章
CHAPTER 9

人员

作为销售主管，你的业绩永远不会超过你的销售团队的总体效力。在这里，我们面临一个古老的问题：优秀的销售人员究竟是天生的还是后天培养的？答案是，两者都有。一些销售人员天生就自带某种能力，天生就会卖东西。同样，很多销售人员即使没有与生俱来的销售天赋，但通过培训、指导和大量辛勤的工作，他们也能获得成功。

我 19 岁时，在家族企业的人力资源部门工作，负责面试在仓库、制造厂和其他需要体力劳动的轻工业岗位的求职者。有时候我一天要面试 15 到 20 个人。后来，当我跳槽到洛杉矶一家更大的公司后，甚至要在一天内面试多达 40 个人。在我做那份工作的 5 年里，我可能面试了一万多人。

公平地说，这些面试都没花多长时间，但我仍然会对谁会做得很好、谁恐怕干不来，有一种直觉。一天，我们公司令人生畏的高级副总裁彼得·马格利塔（Peter Margarita）正在会议室里和分公司经理们开会，看到我在会议室前走来走去。他注意到我面试的速度很快，就把我叫到房间里，问我为什么没有按照公司批准的面试流程来面试。

我解释说，我对一些求职者只是出于礼貌进行了简短的面试，因为我心知肚明帮不了他们。这样做可以省出更多的时间和那些我认为可以胜任工作的人多聊聊。让我松了一口气的是，彼得笑着告诉他的经理们："这就是我希望员工要有的思考方式。"我满头大汗地离开了房间，庆幸自己躲过了一劫。

如果我能通过这本书传递我对招聘和职业发展的第六感，我很乐意这么做。这是我无法解释的事情，只能说这是我的潜意识中的东西。但是我可以告诉你如何提高招聘和培养销售人员的能力。这个过程开始于一个能力模型，你可以用它来指导你的面试，并了解应聘者是否有机会在一个职位上获得成功。

能力模型

大多数销售组织缺乏这种能力模型，也就是一套他们认为在空缺职位上能够取得成功所必需的性格特征和技能。没有能力模型，你就不可能成为一个好的面试官，也不会做出明智的聘用决定。我的能力模型包含了一长串性格特征和技能要求。有些可能与公司的招聘需求有关，有些则可能无关。

你会立刻注意到，这上面的性格特征比技能更多。虽然技能很重要，但我认为，当涉及业绩时，性格特征更重要。在大多数情况下，人们可以通过学习或提高技能来获得更好的业绩。可是如果要帮助别人改变或培养性格就困难得多。

大多数销售主管认为，在招聘时，他们要关注的是技能和经验。然而，当他们必须解聘一名销售人员时，更有可能是因为对方的人品而非技能。当你浏览这两份清单时，你就会明白为什么有些销售人员会离开你了。你也会有强烈的预感，知道团队中谁现在需要帮助。

性格特征

我的能力模型中有一些性格特征对我来说是至关重要的，这意味着如果缺少这些性格特征，我就不会聘用这个人。值得注意的是，我不会聘用缺乏自律的人：如果一定要我催促，你才能做自己的工作，那么我们相处不了多久。我宁愿让这样的人离开，也不愿让他们因为无法履行自己的承诺而失败。

- 自律。自律是一种可以对自己、对他人信守承诺的能力。我可以通过询问他们每天早上几点起床，并让他们告诉我他们在醒来的前几个小时里做了什么，来了解一个人是否自律。你也可以询问他们的工作情况，看看他们是否自律。

- 乐观。态度是关键。一个消极或悲观的人从一开始就不太可能做好销售工作。但更大的威胁是，他们会把消极情绪传播给团队中的其他成员，尤其是那些正在苦苦挣扎的人。问问应聘者他们被人拒绝后是如何处

147

理的，以及什么事让他们烦恼，这样你就能更好地了解他们是如何处理负面事件的。如果他们认为当客户说"不"时，拒绝的是他这个人，问问他们为什么这么想。毕竟，客户拒绝的只是会面的请求。

- **情商**。情商包括对自我的清醒认识。它有时被称为 EQ（正如将智商称为 IQ 一样）。要想把销售工作做好，你需要有足够的情商来识别买家的状态和他们的观点。这也意味着你能识别自己的状态以及别人对你的看法。优秀的销售人员会在面试中表现出这一点，但请记住，这种情况下你是买家，他们是在向你推销，让你聘用他们。当你碰到一个优秀的候选人时，你会忘掉这一点的。

- **关怀**。销售是一项以他人为导向的工作，这意味着优秀的销售人员关心他人。这在咨询型的销售中尤为重要，因为咨询型销售需要了解客户，这样才能成为一名优秀的顾问——即使你认为不能马上做成一笔生意时也要这样。以自我为中心的人会让客户反感。尽管他们没有意识到，但他们从订单中看到更多的是佣金，而不是客户的成功。事实就是，他们哪怕有一点点以自我为中心，都足以让客户望而却步。

- **街头智慧**。拥有街头智慧意味着这个人精明、世故。精明的人很难被利用或操纵，但他们可以利用这种精明来识别客户的需求，并为其提供有价值的东西。

- **理解他人的能力**。理解别人想要或需要什么东西，是你提供这件东西的前提。每个人都想要一些东西：有些是别人的认可，有些是权力，还有些是确定性。当你凭直觉知道买家的需求和动机时，你就有了明显的优势，可以让他愿意从你这里购买。

- **喜欢竞争**。因为销售是一种竞争，所以你要招聘那些天生喜欢竞争的人。那些渴望胜利的人（但不是说他们必然获胜）会更加努力地工作以击败竞争对手。你可以询问应聘者从竞争对手那里赢得一个新客户意味着什么。

- **足智多谋**。你要聘用那些能自己解决问题的人。不管你是否有孩子，你都不需要员工成为像孩子一样要依赖你的人。他们不应该在没有尝试自己解决问题的情况下问你该怎么做。询问应聘者曾经遇到的困境，以及他们是如何应对的。

- **主动性**。主动性和足智多谋相辅相成。在一个有自主权的职位上，你要聘用一个积极主动的、从不等待指示的人。询问应聘者在哪些方面他们应该自主行动，或者在哪些时候应该未雨绸缪，提前行动。

- **持之以恒**。确保你的候选人不是那种轻易放弃的人。我一直不明白，当客户不想和销售人员见面时，为什么销售人员会认为客户"拒绝了他们"。客户只是拒绝了和他们见面。你要聘用那些相信"不"只是一种反馈的人，这些反馈会促使他们调整并再次尝试。

- **沟通能力**。有效的沟通需要倾听。销售人员要思维敏捷，要有谈话技巧，但更重要的是，他们还要是个好的倾听者。你可以评估你的候选人，究竟听进去了多少你告诉他们的东西。

- 责任心。优秀的员工对他们的工作负责。没有客户会喜欢一个签合同的时候高高兴兴，但一有麻烦就消失的销售人员。你可以询问应聘者，当客户没有得到销售人员承诺的东西时，他们会怎么处理。

- 真实。毫无疑问，销售人员需要对自己真实的样子感到满意。对自己的样子不满意会显得缺乏自信。要判断你的候选人是否容易表现出真实的自我。

- 自信。你最好聘用一个有点过度自信（但不傲慢）的人，而不是一个缺乏自信的人。人们很难接受一个缺乏自信的人的建议。在面试过程中，注意你的候选人陈述自己的观点时是否自信。他们相信自己吗？如果不相信，那么其他人也不会相信。

- 勇气。勇气与信心相伴而行。要判断你的候选人是否勇敢，你可以质疑他们的某个观点，然后观察他们的反应。例如，你可以问："这是你认为最好的寻找客户的方式吗？"如果他们为自己的观点辩护，或者询问你哪个更好，就说明他们对观点的冲突并不感到不自在。因为在谈生意时总会有冲突，所以你希望这个人可以自在而专业地处理这些冲突。他们应该表现出自信，愿意听取反对意见，而不是过于好战或太容易妥协。

- 反驳的技巧。反驳候选人的观点也是判断他处理人际关系能力的一个好方法，这需要他们展示出稳重和礼貌的回应能力。即使他们不同意你的观点，他们也应该用礼貌的方式表现出来。

- 好奇心。当代销售人员需要保持好奇心。当你的职位需要你教导客户并帮助他们进行范式转变时，你要招聘那些渴望学习并发现新事物的人。可以询问他们正在读什么书、听什么东西或者正在学习什么。他们寻找答案的时间越长，越说明他们可能天生就没有好奇心。

- 幽默感。当然，并不是每个人对有趣的看法都一样。你要找的不是一个喜剧演员，而是一个能在谈话中吸引和取悦客户的人。

- 激情。一个对某些事充满激情的人往往是能全身心投入工作的人。他们总是更有趣，做事更投入。大多数候选人都会告诉你他们对工作很投入，所以试着问他们："工作之外你对什么充满热情？"

- 追求成功。这是我看重的三大性格特征之一。（记住，我默认的领导风格是自由放任。）追求成功的人通常有着极度的渴望，这意味着你永远不需要激励他们，因为他们已经有了内在的动力。在飞往凤凰城❶的飞机上，我遇到了一家大型科技公司的高级销售主管。

---

❶ 凤凰城，又译菲尼克斯，是美国亚利桑那州的州府。——编者注

当我们谈论业务时，他告诉我他只聘用"精神抖擞"的销售人员。我不需要他描述这个词，因为他自己就是这个样子。

想象一下，如果一个销售人员符合上述足够多的性格特征，你就可以放心聘用他了。也许还有其他性格特征表明你的候选人是合适的人选。合适有时被认为是一种模糊的感觉，但它真正的意思是这个人在你招聘的职位上有潜力取得成功。通过评估候选者的性格特征，你可以确定这一点。

技能

在了解你的潜在销售人员有很好的性格特征后，接下来就必须思考他们是否具备在工作中取得成功所必需的技能了。应聘者不太可能满足所有这些要求，所以你必须确定你是否可以帮助他们获得他们缺少的技能。

- 敲定某件事的能力。我一直认为，敲定某件事——也就是获得客户承诺的能力——是最关键的销售技巧。与潜在客户的第一次接触是请求一次见面的机会。因为线性的销售过程已经不复存在，所以每个销售人员在销售过程中都需要获得客户的一系列承诺。让你的候选人进行角色扮演，请求一次与你见面的机会。
- 咨询能力。对 B2B 领域的销售人员来说，向客户提供咨询和建议是很重要的事情。问问你的候选人，他们给客户提供过的最好的建议是什么，以及这些建议是如何帮助客户提高他们的业绩的。希望这个建议不仅仅是"从我的公司购买我的解决方案"这么简单。如果你对他的回答失望，这可能意味着你需要培养他在咨询方面的能力。

- 应对反对意见的能力。观察一个人如何处理反对意见，可以让你了解他们会如何解决客户的担忧。想了解候选人对反对意见的反应，你只需要说："我担心你的背景可能不适合这个职位。"这会让你的候选人感到措手不及，因为他们从来没有在面试中遇到过这类挑战。如果他们认真地为自己辩护，并回应你的忧虑，那他们就值得考虑。

- 寻找新客户的能力。销售人员需要有创造新机会的能力。评估这种能力的方法是询问候选人如何安排与客户会面，以及他们如何将会面转化为机会。请他们描述一下他们安排会面的主要方式。你希望听到的回答是："我给他们打电话。"就我个人而言，我的原则是，我不会聘用不打电话的人。

- 讲故事的能力。在现代销售技巧中，销售人员掌握叙事的主动权是很重要的，尤其是你要帮助客户进行变革的时候。你需要以一种令人信服的方式描述未来。你可以通过很多方式来检验候选人这方面的能力，比如让应聘者给你讲一个他们赢（或输）过的最大一笔订单的故事，以及他们从中学到了什么。

- 诊断能力（找出问题背后的根本原因）。对我来说，这是一个比其他技能更高的障碍。如果销售人员接受过传统方法的培训，他们几乎肯定会谈论如何引出客户的问题。我不关心"问题"，而是关心造成问题的根本原因，因为了解（并深入探寻）根本原因是进行咨询的先决条件。询问候选人他们帮助解决的常见问题有哪些，问题的根本原因是什么，以及他们是如何解决这些问题的。

- 提出问题的能力。销售人员需要能够提出有力的问题，也就是那些能够改变客户的反对意见或者担忧的问题。它们可以促使客户跳出现在的舒适区，思考未来的问题。下面这个问题就很有力："你是否应该按照自己的条件和时间表做出改变，而不是按照不利于你业务发展的时间表，被迫做出改变？"当你询问应聘者是否有问题时，不要期望他们能问出这种级别的问题。但如果他们只是问你关于工资和福利的问题，那么你可能需要在这方面帮助他们。你希望得到的问题是这样的："你对我前 90 天的工作有什么期望？"

- 使自己与众不同的能力。差异化的核心是创造偏好的能力。当你专门设计问题，询问应聘者是否能做到这一点时，你可能得不到什么好答案。接受面试的人很可能已经被训练成相信他们的公司和他们的解决方案就是最好的方案。你必须帮助他们了解如何在销售沟通中表现得与众不同。这种能力是可以学的，特别是如果一个人具有能力模型上的那些性格特征的话，更是如此。

● 谈判能力。这里你可能会碰到更多的失望。当一个潜在客户要求销售人员降价时，大多数销售人员都会告诉客户他们会回去和销售主管谈谈，看看能做些什么。这意味着销售人员是在代表客户谈判，即使他们表面上是在为你工作。你必须训练他们能够立即、毫不犹豫地向客户提出相应的要求。这是达成双赢合同的方式。

● 商业头脑。这包括专业的见解和创造价值的能力。当你聘用一名成熟的、有经验的销售人员时，你希望他们有很强的商业头脑。更年轻、更不成熟的员工需要别人的帮助才能成为一名合格的商界人士，才能最终成为一名商业顾问。

● 变革管理。变革管理——也就是建立共识的能力——需要后天学习才能获得，因为它很少出现在任何人的发展计划中。观察这个能力的最好做法就是让销售人员告诉你他赢得的某个大订单的情况，以及里面牵涉了多少人。如果他在当时必须与多个利益相关者打交道，那就再好不过了。不过这种技能还是需要之后培养的。

● 领导力。销售人员需要引导客户。当他必须为客户的业务提供建议时，怎么可能不表现出领导力呢？候选人的领导力越强，他就越有可能成为一名优秀的销售人员。在牵涉到很多人时，领导力是推动业绩的力量。

获得人才的两种方式

获得人才只有两种方式。第一种方式是购买人才。尽管这很难做到，但你需要时刻注意那些想要离职的销售人员。你可以关注你见过的销售人员，并跟踪他们在求职网站上的个人资料。此外，对于给你留下深刻印象的销售人员，你可以把电话号码给他们，并欢迎他们和你联系。当你购买人才时，你可以期待快速得到结果。因为你已经支付了费用，所以不必等待他们成长。

获得人才的第二种方式是培养人才。年轻的销售人员虽然还不够成熟，但具备了所有优秀的品质，这为你提供了机会，发展这些品质并消除一些限制他们成功的、不好的观念和行为。招聘、教育、培训和培养销售人员需要投入大量的工作，但如果不花精力培养人才，你就会错过在你的领导下培养优秀销售人员的机会。

获得人才最好的方法是双管齐下。当你能购买人才的时候，就聘用一个成功的销售人员，哪怕他们没有在你这个行业工作过。我们经常试图从我们的行业中招聘销售人员，因为我们不想教新员工和本行业的业务相关的东西。可是，这不是拒绝没有经验的销售人员的好理由。当你找到一个你认为可以胜任这个职位的人的时候，就聘用他们，花时间培养他们。

如何选择面试对象

把你得到的简历分成三类。A 类，代表有合适背景和业绩的人，这些人是有巨大潜力的人。B 类，缺少一些你希望看到的东西。C 类里的人没有你希望看到的技能和经验，但有证据表明他们从高中到大学都取得了成功。这类人通常被忽视，但里面也往往包括你想要招聘的人。

你在招聘的时候需要仔细考虑，而且需要面试很多人。你永远不会有足够的时间去面试每一个你认为合适的候选人，所以我在这里建议一种解决这个问题的方法。

安排一个 15 分钟的电话面试，从 A 类候选人开始。如果这个人不合适的话，通常在面试的前 5 分钟你就会失望。这至少告诉你，你不需要花更长的时间面试了。例如，我曾经请一位应聘者告诉我，他需要什么才能胜任我正在招聘的职位。他的要求是一种每个人都想买的产品。这种产品设计得完美无缺，可以确保他有足够多的潜在客户，他只要坐着接受订单就可以了。通过 15 分钟面试的人会进入真正的面试环节。

你可能很想跳过 B 类和 C 类。但让我来说服你不要这样做。当你聘用一个人的时候，你要确定你愿意每天和这个人一起工作。对 B 类和 C 类的简历要遵循同样的流程。当我发现我必须和我聘用的人一起工作时，我的想法改变了，我更重视要和他们一起工作这一点。我曾经聘用过一个拥有所有合适技能和经验的销售人员，但他身上有某种东西阻碍了我们合作，我们都不想和对方在一起工作。

还有一件事：在你的聘用决定中，很重要的一部分是考虑你的潜在客户。在你的决定中，必须考虑你的客户会如何看待你正在招聘的这个人。如果这个人以前是销售人员，让他给你介绍一些他以前的客户。你可以询问这些客户他们对这个人的看法。

你正在聘用的是一个人的缺点

销售主管做出糟糕聘用决定的一个原因是，他们只是试图找出这个人的优点。实际上，更重要的是找出这个人的缺点。面试时坐在你对面的每个人都有优点和缺点。一个好的聘用决定是基于你能不能容忍他们的缺点，更进一步来说就是，能不能帮助他们弥补缺点。

训练和传授技能比改变性格特征更容易。你更容易接受技能的缺失而不是性格特征的缺失。但你会发现，在这两个清单中，每个人都会缺少一些东西。如果我们对自己诚实，我们就会意识到我们会习惯于自己的方式，但我们也可以有一些改进。毕竟，你刚拿起来的是一本你相信会帮助你提高能力、创造收入增长的书。

最重要的是销售的有效性

在收入增长方面，没有什么比提高销售的有效性更重要的事情了。一个高效的销售人员可以更容易安排与他们的理想客户见面。他们在第一次见面中的效率使他们能够创造出新的机会。无论你聘用的是谁，都必须摒弃这样的错觉：你的销售团队已经达到了他们所能达到的最高效率。相反，你必须在每个人身上看到他们自己看不到的东西，并利用这种洞察力来帮助他们释放全部潜力。

本章中的能力模型为你提供了一个视角，你可以通过它确定从哪些方面提高销售人员的效率，从而带来业绩的改善。你对销售人员潜力的发掘，使你成为一个好的教练，一个能够帮助销售人员抓住机会提高他们效率的人。

你团队中的大多数销售人员可能都接受过传统销售方法的培训。这些方法是为过去的年代和市场设计的。他们可能从来没有学过现代的销售方法，可能会缺失一些能力模型上的技能。具体来说，你可以确定他们还没有准备好为客户提供有洞察力的见解，并利用自己的商业头脑，在销售沟通中为客户创造价值，进行变革管理，建立共识，率领他们的联系人、决策者和利益相关者一起完成变革。

为每个人制订发展计划

在一个人已经失败之后，再让他参加改进计划，是没有意义的。这就像在马已经走远之后再关上马厩的门一样没有意义。因为我们经常假设自己聘用的每个销售人员足够高效，所以我们没有付出足够的努力来帮助他们充分发挥潜力。不同的人需要在不同的领域提高；每个人都是一块待雕琢的璞玉。所以，每个人都需要个人的发展计划。不过，在涉及将团队成员的销售方法从过时的方法转到现代的方法时，每个人都需要同步改变。

在调查中，销售人员经常表示自己希望从销售主管那里得到更多的指导，理由也很充分：在过去几年里，销售工作的变化比现代历史上任何时候都要大。至少对那些了解销售效率对业绩有多重要的人来说，最好的机会就是执行一个长期的计划，来提高团队中每个人的能力。当不同的人在不同的时间有不同的需求时，为你的销售人员制订发展计划，意味着能为他们提供所需的关注，帮助他们优先发展那些能让他们进步的性格特质或技能。

偶尔，一些聪明人会创立公司，推出比同类产品或服务更好的产品或服务，从而主宰市场。最好的例子可能是乔布斯和他的苹果手机。这款手机最终摧毁了两家最大的手机制造商❶。特拉维斯·卡兰尼克（Travis Kalanick）和加勒特·坎普（Garrett Camp）创立了优步（Uber），同样改变了人们的出行方式。人们下载了优步应用后，很少再打出租车了。这些人是市场的颠覆者，在 B2B 的销售中很少见。

大多数从事 B2B 和 B2C 销售的人都生活在"红海"中，不同公司的产品和服务都很像，以至于我们销售的产品经常

---

❶ 指的是摩托罗拉、诺基亚。——编者注

被视为日用品。在红海中，很难创造出一个可持续的优势来获得足够的差异性，进而主导市场。相反，你会在销售的有效性上找到你的优势，有能力成为你这个行业中最好的销售组织。如果你生意的成功取决于你的销售业绩，那么投入时间和金钱来改善你的团队，就可以创造出可持续的竞争优势。

第十章

效率

多年来，我一直在恳求销售主管们把提高销售的有效性（也就是效率）作为他们的首要任务，特别是在新财年刚开始的时候，更要这么做。团队的效率越高，你的收入增长就越快。你也许可以买到一些必需的人才，但剩下的还需要你自己来培养。大多数销售主管犯的错误就是接受团队目前的效率水平，从不优先考虑那些能够提高他们的能力、创造和赢得新的机会、获得收入增长的举措。这里我们需要添加另一个增长公式：

销售人员的效率 = 收入增长率

假设你的团队中有 10 名销售人员。如果失去排名前两位的销售人员，你的收入会受到什么影响？我敢肯定，要弥补他们的贡献会是一个挑战。应对这一挑战的一种方法是为你的团队增加两名新的顶尖销售人员，他们要和你失去的那两名销售人员一样有效率。尽管我不反对这种策略，但这并不是唯一的策略。相反，提高业绩还意味着要提高团队中每个人的效率。这可以确保你从团队中的每个人身上得到你想要得到的一切，从而使你的业绩最大化。

技术陷阱

我见过太多的销售主管求助于技术手段来提高团队的"效率"。他们用各种软件搭建起庞大而昂贵的销售管理系统，而团队基本不怎么使用这些东西。我知道的一家公司的销售管理系统，每个销售人员每年要花费 7000 美元。他们公司有 200 名销售人员，公司每年要为此花费近 150 万美元。

几年前，我认识的两家公司决定实施一种新的客户关系管理系统。他们让整个销售团队脱产去迁移和审核他们的客户记录。这样的项目可能很重要，但当他们的团队把时间和精力花在新的客户管理系统上时，他们失去的订单可比这个项目重要多了。这些销售人员更愿意待在销售第一线上，他们在这个项目上浪费的时间威胁到了他们的业绩目标，对收入增长毫无帮助。

当涉及销售和收入增长时，要少担心一些技术手段的有效性，多担心一些团队销售的有效性。没有人会因为你有一个非常昂贵但未充分使用的销售管理系统而从你这儿买东西。而且，一个新的客户管理系统也不会让你从竞争对手中脱颖而出。虽然用正确的技术手段武装团队很重要，虽然拥有高效的客户管理系统也很重要，但它们无法提高销售的有效性。

收入增长的关键在于效率

你的效率越高，业绩就越好。你的业绩越好，收入增长就越快。不幸的是，反之亦然：销售团队的效率越低，业绩就越差。糟糕的业绩又阻碍了收入的增长，并可能创造出所谓的"负增长"，这是对"收入下滑"的委婉说法。

自古以来，销售主管都希望通过增加销售活动来提高业绩。我可以想象，在大约 2000 年前的丝绸之路上，一个商人会痛斥那些帮他把货物从几百英里（1 英里 ≈ 1.61 千米）外运过来的助手们，抱怨他们要和集市上走过他们帐篷的人浪费更多口舌攀谈。我很怀疑，这些商人是否会要求他们的助手改进销售沟通的技巧，毕竟，要求多说话要容易得多。

在某种程度上，销售主管喜欢"更多"而不是"更好"。因为"更多"不需要销售主管弄清楚如何改变销售人员的观念和行为来提高销售的有效性。对于一支已经非常高效的销售团队，只有在销售活动太少的时候，增加销售活动才是解决收入增长问题的唯一正确方法。要求那些效率不高的销售人员将他们的活动增加一倍、两倍、三倍甚至四倍，不仅会浪费他们的精力，还会惹恼你的潜在客户——因为这些客户希望你的销售人员有足够的能力来帮助他们提高业绩。我认识的一位销售主管认为，他的小团队只需要打更多的电话就行了。因为他没能力帮助团队提高，销售人员变得沮丧，一个接一个地离开了公司。他不但没有拿到更多的订单，反而丢了工作；取代他的是一位知道如何提高业绩的销售主管。

在增加任何销售活动之前，都需要提高团队销售的有效性。新的销售活动产生的业绩是任何低效的销售团队都不可能产生的。颠倒顺序，首先增加销售活动，只会得不偿失。

不要浪费资源，俭以防匮❶。想象一下，一支销售团队只能赢下不到 20% 的机会。为了达到他们的收入目标，他们的销售主管要求他们创造一个比现在的销售管道大 4 倍的管道。惊慌失措的销售人员完全按照要求去做，在管道里面塞进了一系列成交可能性很低的销售机会，许多机会甚至是假的，更不用说能不能赢了。销售主管以为只要销售管道足够大，他们就能完成收入目标。然而，这个管道中的机会并不真实，少数有可能赢下的订单也是由效率低下的销售人员在跟踪，他们赢下这些订单的胜算很低。

一些销售主管认为，在谈到收入增长时，庞大的销售管道是最重要的因素。为什么一个销售主管会莫名其妙地相信，将销售管道扩大 4 倍，他们团队赢下订单的概率就会从 20% 提高到 35%？这让我无法理解。优先考虑销售的有效性，才是让销售人员创造的机会得以兑现的关键。那些认为扩大销售管道是他们唯一改进手段的销售主管们，低估了建立销售管道所需的时间。而将这些时间最好花在那些高知名度的、高附加值的、必须拿下的订单上，就可以帮助你快速实现目标。

如何提高效率

你很容易就能认识到，收入增长中的很大一部分来自

---

❶ 有一句谚语 "waste not，want not"，表示只要勤俭节约就可以吃穿不愁。——编者注

前 20% 的销售人员。有些销售人员拥有一些性格特征和技能（见第九章），使他们更容易获得成功。而他们的同事必须更加努力才能达到平均业绩，甚至才能卖出东西。销售从来都不是件容易的事，现在则更难。尤其是对那些没有接受过教育和培训，不知道如何有效销售的人来说，更是难上加难。

你很容易理解这一点：你团队成员的能力是一个标准的正态分布曲线：你拥有 20% 的顶级销售人员，20% 不合格的销售人员，以及 60% 位于中间的销售人员。但提高效率意味着永远不要满足于标准。相反，你必须提高团队的效率，把他们的能力曲线拉向右边，在能力分布图表中创造出所谓的"肥尾分布" **❶**（Fat Tail）。

想象一下，你有一条正常的钟形曲线，完美地画在一张纸上，或者电脑屏幕上。最右边的是销售团队中排名前 20% 的人。最左边的是排名倒数 20% 的人，他们要么是新销售，要么是因效率不够高、无法为公司的收入增长做出贡献而处境艰难的人。在中线左边，有 30% 的销售人员业绩低于中位数；那么当然，在这条线的右边，有 30% 的人业绩高于中位数。

如果团队中的每个人都提高了效率和业绩，那么整个钟形曲线将向右移动。最好的人表现得会更好，业绩更佳。位于中间两侧的人将对收入增长做出更大贡献，而钟形曲线尾部的人也会如此。即使有些人上升到了更高的级别，你仍然会有最差的 20% 的销售人员。但这 20% 的人会比你在提高

---

❶ 肥尾分布：与正态分布相比，曲线两端下降更慢更长。——编者注

他们的效率之前产生更多的收入。

让我们假设第一条钟形曲线产生了 5000 万美元的收入。在你提高了销售效率以后，你们获得了 5500 万美元的收入，增长了 10%。推动这一进步的唯一因素是更高的效率。然而，单个销售人员的销售额增长不会遵循线性规律：以前效率较高的销售人员获得的增长往往比效率较低的销售人员更大。例如，一个顶级的销售人员在效率提高之前的销售额是 800 万美元，他现在可能会创造 920 万美元的销售额；而一个只有 20 万美元销售额、业绩不佳的销售人员，现在可能创造了 40 万美元的销售额。虽然是 100% 的增长，但仍然远未达到他的销售目标。

当你的竞争对手使用了一套庞大的销售管理软件，相信他们的收益来自效率时，你必须专注于赢得能够带来新的净收入的订单。看到团队目前的表现，就认为他们无法改善，这么想既没有必要，也不正确。最优秀的领导者能在员工身上看到员工自己没有看到的东西。团队中的每个成员都有超乎你想象的潜力——如果你有过一位卓越的领导、教练、导师或父母，你就会意识到这一点。在所有条件相同的情况下，你赢下订单的比例是你们工作效率最清晰的图示。

建立有"肥尾分布"的销售团队

你还可以努力追求另一种曲线，它看起来和传统的钟形曲线有很大不同。想象一下，这个曲线的最高峰不在中间，而是在右边，只在中线左边留下一条小尾巴。现在，不再是20% 的顶尖销售和另外 30% 的人处于中线右侧，而是 70%的人处于中线右侧，只有 30% 的人处于中线左侧。

在第一个例子中，你根据每个人的销售额占总收入的百分比为排名构建曲线，所以是一条正态分布曲线。但在肥尾曲线中，你是根据一个人的实际销售额来绘制的。所以在这条曲线上，更多的人会发现自己处于中线的右边。我曾经有一个小的销售团队，就符合这样的肥尾分布。6 名销售人员中有 4 名在中线的右边，它代表了一支业绩卓著的高效的销售团队。

提高效率的起点

提高销售效率的起点是使用正确的销售方法来执行你的策略。随着世界越来越复杂，B2B 销售中的两种传统方法正在失去效力，因为大多数客户发现它们不像以前那样能创造出那么多的价值。

最古老的传统的销售方法已经使用了 50 多年甚至更长。这是一种建立在恐惧之上的方法，与当前的环境不一致。在当前的环境中，销售人员需要引导客户，并提供正确的、有价值的见解。甚至是"新的、改进的"传统解决方案销售方法也已经用了快 40 年了。它已经完全模式化了，每个销售团队都以完全相同的方式试图使自己与众不同。他们遵循的都是"问题—痛点—解决方案"这套模式：上来先破冰，然后介绍公司历史、徽标、我们的解决方案，然后问客户：什么让你夜不能寐？

差异化的关键在于创造客户的购买偏好，让他们就是喜欢从你这里买东西。即使你的产品、你的服务、你的解决方案，或者你在赢得客户后提供价值的方式可能与你的竞争对手截然不同，但销售沟通也是你赢得客户的唯一手段。

为了让你的公司和你创造的价值与众不同，你必须从一套与众不同的销售沟通开始，为客户提供更多的价值。现代销售方法就是为了做到这一点而设计的。这是一种基于洞察力的方法，它为你的销售沟通提供了上下文，同时也吸引客户去实施变革。你的洞察力可以让客户更好地了解他们所处的环境，发现关于他们自己、关于他们业务上的一些问题，以及需要解决哪些问题才能提高业绩。通过这种做法，你可以带领客户更顺畅地走完买家流程，并对非线性销售流程的机制产生影响。

如何提高销售团队的效率？

使用新的销售方法，与潜在客户对销售团队的需求保持一致，这是提高团队销售效率的最佳途径。尽管现代销售方法很有用，但只靠这一种方法是不够的，你必须努力提高销售团队的能力。我们下面讨论的每一个部分都是必要的，它们共同组成了一套全面提高销售效率的方法。在全面实施这个方法之前，我们先看看其中的每个部分。

培训销售人员，提高他们的效率

那种一次性的销售培训之所以会失败，就因为它是一次性的。这种类型的销售培训通常在一天之内完成。在 6 个小时的课程中，培训师会围绕一个主要概念讲解各种战略、战术和话术。培训师面对一群第一次看到这些内容的销售人员，必须有完美的表达能力，才能将这些本事传授给他们。反过来，销售人员需要有完美的理解能力和完美的执行能力，并在仅仅体验过一次后就能完美地记住这些内容的能力。

传授知识和传授能力是两回事。只有具备了能力，提高效率才成为可能。培训销售人员的最佳方法是每周培训一次，每两周换一个新的主题。在第一周，你可以提供一个关于这个主题的简短培训，确保你的团队学到相关的知识，并要求他们说明在下一周他们将如何以及在何时使用这些知识。在第二周结束的时候，你可以要求团队中的每个成员说明他们是如何使用学到的知识的，哪些是有效的，哪些是无效的，以及他们是如何改变过去的做事方法，从而改善业绩的。

你要优先考虑团队需要提高的地方，通过提高团队的整体效率，对收入增长产生直接的影响。在某些性格特征或销售技巧上，你可能需要两周以上的时间，才能提高团队的能力，从而提高他们成功的机会。如果你的团队需要更多的时间进行角色扮演和现场练习，要给足他们时间。技能提高不是一场竞赛，当你需要的是能力和效率时，不能操之过急。

对每个销售人员进行指导

和销售人员的每一次互动都是为他们提供指导的机会。你可能永远没有足够的时间给每个团队成员提供他们所需的结构化的、详细的指导，但你仍然可以在两周内用同样的节奏来安排你的指导，也许在每个销售人员身上花上 30 分钟。如果团队中有 10 名销售人员，那么你可能每周要花两个半小时的时间进行指导。

培训并不总能提高一个人的效率，因为不同的人需要不同的帮助，有些领域是培训无法涉及的。而具体的指导可以帮助这些人解决他们碰到的具体挑战和障碍，帮助他们提高个人效率，实现收入增长的目标。具体的指导还可以提高销售人员的能力，改变他们的观念和行为。在第一周的指导之后，第二周应该有一个实战训练。如果这个人需要更多的时间，那么就让他们继续去改进提高。

在内部传播独门秘籍，提高个人效率

当你把团队聚集在一起讨论如何工作效率更高、如何工作效率低的时候，你创造了一种不同的氛围。让整个团队一起讨论一个销售机会，从中吸取重要的经验教训，这是把大家的思想、战略和战术统一起来，共同走向成功的一种方法。

你首先要确定一个销售机会，它可以帮助你突出一些重要的思想、战略或战术。让相关的销售人员谈谈这个订单，解释他们做的哪些事是有效的，或者用了什么新方法解决了问题。通过剖析这个订单，其他销售人员可以获得一些"独门秘籍"，可以应用在类似的销售场景中。这自然会鼓励他们对这个案例提出问题，以便更好地了解到，自己可以做些什么来推进并赢下订单。

这种方法是一种最节省资源的方法，类似软件开发中的"最小可行产品"（Minimal Viable）的开发。它不需要你的销售团队长时间脱产培训，也不需要他们做很多家庭作业。作为销售主管，它为你提供了一个可行的计划，一个不会占据你工作安排的计划。

通过现代的销售方法，提高效率

我在本书的开头提到过，销售人员必须创造出两种结果来获得新的净收入：创造机会和抓住机会。在你的计划中，应该提高团队获得这两种结果的能力。让我们先看看如何培养一支有能力创造出新机会的销售团队。

有效地创造新的机会

培养以下 5 种核心销售能力将提高团队的效率，从而创造出更多的以及质量更好的新机会。

1. 价值哲学。你的销售团队需要了解客户对结果的需求。我自己的销售方法是"第四级价值创造",它有两大优势。首先,它在进行销售沟通时先要明确客户需要达到的战略目标,以及阻止他们达到战略目标的挑战。其次,采用"第四级价值创造"方法的销售人员,能够在销售沟通中创造出更大的价值,打败竞争对手,突出销售人员和他们公司的不同之处。你需要一种价值哲学来支持你的方法。

2. 培养洞察力。为了让销售团队能够在销售沟通中为客户创造价值,你需要培养他们的洞察力,这样才能帮助客户了解他们的现状、他们面临的挑战以及结果不尽如人意的根本原因。如果一个销售人员能教给客户一些有价值的东西,并为他们提供一个视角,让他们清晰地看到当前的状态和未来可能的状态,那他就是一个能够赢得客户信任的人。这是现代销售方法的核心。

3. 为潜在客户提供咨询服务。在过去,寻找潜在客户意味着保持微笑和拨打电话号码。但是今天你必须提供一种咨询型的服务。在这个过程中,如果你只能告诉客户有关你的公司、产品和服务的情况是不够的,因为这些信息客户从网站上都可以找到。如今,安排一次见面的机会需要你提供有价值的、能够吸引决策者花时间来听你讲解的提案。你可以通过了解客户的需求,并为他们提供新的洞察力和新的视角来做到这一点。寻找潜在客户的咨询型方法会通过一系列的销售沟通,证明这个销售人员值得见面。

4. 获得承诺。销售是由一系列的销售沟通和对未来沟通的承诺组成的。一个销售人员如果不能一直获得对未来沟通的承诺，那么在赢下订单时就会遇到没完没了的麻烦。大多数销售团队需要在几次会议中解决客户的多个需求。获得你所需要的承诺的关键是，在当前的会议上创造足够的价值，促使你的潜在客户急于和你开下一次会。

5. 用更好的方法发现客户面临的问题。传统的方法是让客户自己坦白，告诉销售人员他们的问题（就好像他们都不知道一样）。而更好的方法是让客户也参与到发现问题的过程中来。这种方法意味着销售人员和客户相互学习，探索客户未来的发展潜力和他们可能需要做出的改变。

有效地抓住机会

下面我们会看到 4 种主要能力，可以帮助我们有效地跟踪和抓住机会：

1. 处理反对意见。总会有阻碍客户前进的障碍。我们总是不得不"处理反对意见"，但理解这些反对意见的更好方法是将它们视为客户不愿意透露的真实问题。通过处理客户真正关心的问题，可以帮助他们消除障碍，朝着更好的方向前进。

2. 演示和提案。大多数演示和提案都从"为什么选择我们"开始。销售人员引导（或者至少拖着）客户，向他们一一说明为什么要从我们这里买东西。这种传统方法并不是咨询型的方法。一个更好的方法是先提醒客户他们为什么要进行变革，然后分析他们未来需要达到的目标，再详细解释你和客户将如何去实现这一变革。"为什么选择我们"应该放在公司投入资源以后再说。你可以借此向客户说明你们公司的承诺，保证客户可以使用这些资源获得成功。

3. 建立共识。不管订单大小，你都要帮助客户在他们的公司内部建立起共识，这样他们才能一致认可，你正在帮助他们进行的变革。大多数公司都缺乏框架和必要的能力来解决问题，有时是因为政治原因，他们没有能力围绕任何变革计划进行协调。这种能力比其他大多数能力都困难得多，需要给予更多的关注。而大多数销售组织对它的关注都不够。

4. 精通谈判技巧。不用想就知道，每个客户都会要求你的销售人员削尖铅笔，写下折扣价格。而且你的销售人员也会告诉他们的潜在客户，会回来问问你，看看结果怎么样。在这里，销售人员真正的意思是，他们将与你谈判，得到一个折扣价格，然后交给客户，而不是直接与客户谈判。如果你增强他们的能力，让他们可以直接和客户谈判，那你就会增加收入和利润。

对提高效率有帮助的性格特征

在提高销售人员的效率时，还会面临一种挑战：他们有能力，但有时他们的性格特征会妨碍他们的发挥。例如，在一家公司，我发现一些非常善于寻找客户信息的销售人员，创造的新机会反而不如那些效率不高的销售人员多。他们没有创造那么多机会的原因是，他们没有给潜在客户打电话，而是依赖于低附加值和低参与度的工具，比如电子邮件。他们并不缺乏寻找新客户的能力，他们缺乏的是自律。

这里有一个相当长的性格特征清单，每个后面都有一个简短的解释，帮助你认识到，是什么阻碍了销售人员提高业绩和对收入增长的贡献。

影响效率的自身性格特征

- 自律：这是信守自己对自己的承诺的能力，是要求自己做那些成功所必须做的事情的能力。
- 乐观：在面对挑战、障碍和失败时保持积极的态度，内心充满能量的能力。在销售岗位上，你总会遇到不如意的事情。
- 喜欢竞争：对胜利的强烈渴望。效率来源于销售人员想要取胜的动力。
- 足智多谋：自己解决问题的能力，能够解决你成功路上的障碍。
- 主动性：积极主动的人不需要别人告诉他们去做什么，因为他们已经在做了。主动性对于提高效率非常重要，尤其是在销售方面。
- 持之以恒：朝着目标一直努力、从不放弃的能力。这里的效率来自一个人的决心。
- 责任心：你的潜在客户希望从那些有责任心的人那里买东西，他们对自己卖出去的东西和做出的承诺负责。

- 专注：这个性格特征比以往任何时候都重要。效率来自专注一件事情的能力，不要被现代工作环境中的各种触发因素分散注意力。

- 自信：效率高的人大都相信自己。他们的效率来自他们非常清楚，自己能够完成既定的目标。

- 勇气：销售人员必须明白，销售中有时会出现冲突，因此会坦然面对。

- 好奇心：渴望学习和发现这个世界是如何运作的。通过真诚地理解和帮助他们的客户，好奇心创造了效率。

- 激情：最有效率的人充满了激情，他们全身心地投入工作中。他们的干劲增加了他们的效率。

- 追求成功：这是我最喜欢的对效率有所帮助的性格特征，因为饥饿感提供了成功的动力。

影响效率的人际交往能力

- 情商：能够认识到自己的情绪状态、别人的情绪状态（包括客户的情绪状态）的能力。

- 关怀：在销售中，能够关心他人是一种超级能力。它为销售人员提供了以他人为导向的能力，创造了一种以自我为导向的人无法获得的高水平的效率。

- 街头智慧：精明的人具有一定的优势，他有围绕做出正确决策所需要的精明和实用的知识。

- 理解别人的能力：能帮助销售人员识别并理解客户的

动机和需求。

- 沟通能力：有两种沟通能力可以提高效率——倾听的能力和确保用他人能理解的方式说话的能力。

- 真实：这里的效率来自做真实的自己，对自己的样子感到满意。人们很容易识别出虚伪和做作。

- 幽默感：这并不是讲笑话的能力，更多的是吸引潜在客户的能力。

- 外交技巧：解决或防止冲突的能力。因为销售工作总是伴随着冲突，有效率的销售人员必须善于解决问题和挑战。

这是一个相当全面的个人能力清单。无论这些能力来自个人自身的性格特征，还是来自他人导向的性格特征，都会影响销售人员赢下或失去订单。对照这个列表，找出你的销售团队中尚未开发出来的或完全缺失的性格特征。应该以效率为目标，指导你的团队获得收入增长。即使你认为，缺乏这些性格特征的人做得也很好，也要帮他们激活或增强这些性格特征中的一个或多个。

第四部分

放眼未来

　　这本书的前两部分为你提供了带领团队取得收入增长的策略，它可以帮助你在现有职位上取得成功。在第三部分，我们的内容转向问责制以及支持问责制的制度安排。从这里开始，我们将注意力转到组成销售团队的个人身上，关注他们的销售效率。到目前为止，问责制主要解决的是创造机会的问题。现在，我们将重点放在赢下机会、获得收入增长上，包括如何抓住这些机会以及如何预测这些订单上。因为最终，这些都是你要负责的事情。如果销售管道构成了销售组织的动脉和静脉，那么销售管道中的机会就是维持机体生命的血液。

第十一章
CHAPTER 11

销售机会

我们用"有效性"这个词来描述销售人员或销售团队的工作效率。一个人的效率越高，就越容易赢下订单；效率越低，就越难抓住机会。有几种方法可以衡量这种效率。一种是看销售人员赢下订单的比例。这是一个很好的衡量标准，但并不总能说明全部情况。销售人员可能在第一季度胜率很高，因为他们碰上了好时机和好运气，但他们不太可能把这种运气一直保持到第四季度。另一种是销售人员赢下的客户的规模，尤其是他们全凭自己赢下的客户的规模。将两个衡量标准结合使用，可以让你更好地了解一个人实际的销售效率。

作为销售主管，你的责任就是教育、培训、发展和指导你的团队，提高他们的效率，在他们跟踪的订单中赢得更多的"合理份额"。在本章中，我们将探讨有助于提高团队效率并帮助他们赢下更多订单的各种销售沟通方法。

对销售机会的全面评估

在前面谈到每周的销售管道评估会议时，我警告过，不要利用这段时间讨论每笔订单的进展情况。由于这类会议很短，再加上创建了问责制，所以才能让整个团队一起参加。当你的销售人员忙着追踪订单时，让他们听其他同事谈论各自的订单是没有价值的。

作为对销售管道评估会议的补充，你需要单独召开对销售机会的全面评估会议。这些会议的节奏应该基于你的销售周期，它取决于你需要多久与团队联系，以及你要如何更新销售管道的信息。如果销售周期非常短，那么可能需要每两周召开一次会议；如果销售周期较长，那么可以每个月召开一次会议，评估所有的销售机会。如果销售周期超长，比如一年或一年以上才能赢下的订单，尽管仍然需要召开全面评估会议，但可以每两个月召开一次。

评估销售人员的所有销售机会，是要确保他们有足够的机会、正确的机会、规模适当的机会，以及健康的个人销售管道。这里有 5 个问题，你在全面评估会议中要特别注意。

1. 销售机会太少。潜在订单的销售额虽然足以让销售人员达到业绩目标，但销售管道中的机会却太少。这种情况并不罕见。当失去其中的一笔订单时，几乎意味着他们无法完成业绩目标。如果是这种情况，那么你可以肯定，他们的销售管道是脆弱的。当客户的主要联系人打电话给销售人员，告诉他们"我们决定选择另一条路"时，通常已经太晚了，无法补救了。

2. 订单太小。即使指导团队制订了工作区域及客户计划之后，你也可能发现你的销售人员有相当多不合理的、规模很小的订单。其中有很多潜在的原因，包括目标不明确，愿意平等对待每笔订单，或者缺乏信心等。在这种情况下，你的责任是弄清楚为什么管道中有这么多小额订单，以及你需要做些什么。本书中的能力模型将帮助你完成第二项任务，尤其是在提高销售人员的信心方面。

3. 错误的订单。这就是需要领导者变身独裁领导者的地方了。没有理由让销售人员在你不想要的订单上花费时间和精力。在我做过的一项生意中，客户必须支付一个最低费用，否则我们将拒绝和他们做生意。没有利润的收入是无用的，它们对销售组织没有任何营养价值。一旦你发现这些错误的机会，就要把它们从销售管道中剔除掉，确保销售人员知道你不想要什么订单。并不是所有订单都是平等的，你最好追求符合基础要求的订单。

4. 所有订单都挤成一团。尽管我们承认，销售的沟通以及买方的沟通现在都是非线性的，但当你看到所有订单都集中在一个阶段时，你有理由担心销售人员会缺乏效率，你的销售管道将会出现问题。在对销售机会评估时，应该找到销售人员需要帮助的地方。你需要在销售管道中建立起一条传送带，让所有的事都持续向前推进。

5. 僵尸订单。老话讲，时过境迁。但这句话并不完全正确。应该说：如果没有进展，那么时间真的会扼杀一切。只要不断取得进展，那么订单就是正常的。如果一个订单拖得时间太长，以至于销售人员在上一次更新订单状态后都已经更新了他的驾照，那它无疑就是一个僵尸订单。你不必阻止销售人员继续维持这个客户，但你必须让订单回到正轨，让销售人员重新开始跟踪它。

所有这些都是效率问题。订单数量太少可能是因为销售活动太少，但无法安排和客户的见面则纯粹是效率问题。很多时候，订单的规模"太小"表明销售人员没有瞄准正确的客户，没有办法和他们见面，或者缺乏赢下大订单的信心。如果一个销售人员的销售管道里都是些糟糕的机会，那说明这个人通常使用的销售方法不能创造足够的价值，于是转而跟踪这些更小的潜在客户，这样更容易赢下订单。如果你发现许多潜在的机会都陷入了困境，那么就说明销售人员缺乏一些必要的能力来推进销售。

订单策略：你在工作中可能获得的最大乐趣

如果有什么事比订单策略更有趣的话，那恐怕不会包括电子表格和会议桌。你永远不会为了起草一份新的薪酬计划表，或者为了在订单预测会议上更新 24 小时前刚刚上报的数据，而放弃围绕某个订单制定策略的工作。当你帮助销售人员或整个团队制定策略，帮助他们取得下一个胜利时，这足以让你的心跳加快，让你的神经突触兴奋起来。

有一种类型的客户，这类客户的订单就是所谓的高知名度的、高附加值的、必须拿下的订单。高知名度意味着它会出现在高层领导的视野里。这也意味着他们会比平常更频繁地询问你的进展。同时，你的竞争对手和行业中其他人也会看到这些机会，这意味着即使不发新闻稿，他们也会知道你赢了。这些订单在收入、利润和声誉上对你都很有价值。他们对你的新客户来说也很有价值，因为通过与你合作，他们会获得很大的利益。

"必须拿下的订单"，当然是指你必须拿下它才能达到你的业绩目标。失败意味着聘请 3 名悲伤辅导师来安抚 3 到 4 名高层领导，他们很可能在接下来的一周内像肚子里的胎儿一样辗转反侧。尽管风险很高，但制定订单策略仍是引领增长中最有意思的一个环节。让我们来看看订单策略中的一些要素，有些要素可能在、也可能不在你的线性销售的流程清单上。

什么迫使客户改变？

你的潜在客户也许已经被迫做出改变，或者你正在引领他们探索变革的道路、规划更好的未来；无论是哪种情况，如果不了解是什么推动了客户的改变，你都将很难制定订单策略。你需要的不仅是"发现问题"，还要了解他们业绩不好的根本原因是什么。

问题：

● 客户为什么要改变，是什么推动了这个决定？

● 客户想要或者需要什么？

谁在主导客户的变革行动？

无论有多少利益相关者在整个过程中进进出出，总会有一两个人推动着整个过程——并影响着最终的决策。找到一笔订单中的核心人物，可以让你了解他们想要什么，他们为什么想要，以及你需要谁的帮助来促成改变，也包括了他们选择的合作者。

问题：

● 你目前在与哪些利益相关者合作？

● 他们在这次变革中投入了多少努力？

注意：客户的努力程度是衡量客户的投入和他们对变革认真程度的一种方式。它还可以提供证据，让你看到他们是否真的想从你这里购买东西。

你可以接触到哪些领导？

在整个过程中，你也许能、也许不能接触到客户的领导。但如果不能，你会很难确定是否能赢下订单。如果不知道这个变革的提议在领导层优先事项上的位置，你就不太确定自己是否能赢。因为说到底，总要有人签署合同和支票。

问题：

● 批准这个项目的高层领导是谁？

● 到目前为止，这个领导参加过任何会议吗？

● 这件事在他们的优先事项上排名如何？

你接触客户的途径是什么？

假如大多数公司只有一个部门负责采购时，那么向他们卖东西就要容易得多。然而如今，你可能需要在客户内部达成更多的共识，因为 21 世纪的业务功能更多，也更复杂。订单的规模越大，达成共识就越重要。

问题：

- 我们接触到那些将对这次变革以及我们的提案提出意见的部门了吗？
- 在当前的销售沟通中，客户跟上进度了吗？我们有什么计划让他们赶上来？

他们还在考虑谁？

知道竞争对手是谁，是件好事。但你的潜在客户可能不会让你翻阅他们的访客名单，寻找竞争对手的销售人员。你无法改变竞争对手的行为，但你可以用"三角定位法"（Triangulate）来粉碎他们的模式。参见我的《精英销售策略》（*Elite Sales Strategies*）一书。

问题：

- 你对竞争对手的情况了解多少？
- 你从潜在客户的主要联系人那里得到过什么反馈？

如何使自己与众不同？

差异化在很大程度上是为了创造一种从你这里购买的偏好。你应该了解你的销售人员是如何定位他们自己和你的公司的，包括他们是如何解释你们公司的与众不同之处，如何解释你们的优势的。

问题：

- 我们有什么突出的竞争优势吗？
- 客户认为我们的不同之处在哪里？
- 比起我们的竞争对手使用的其他选择，我们的不同之处是否使我们成为更合适的选择？

订单策略中的很大一部分是确保销售人员在这个过程中不犯错误，不出现非受迫性失误。为了识别和防止这些错误，你可能需要问更多的问题来打磨策略中的这一部分。在有关潜在订单的问题中，销售人员无法回答的关键问题越多，他们赢下订单的可能性就越小。

我们会怎样赢下订单？

这里的关键问题是你打算如何赢下订单，但不要认为这是一个简单的、容易回答的问题。当你制订一个计划帮助你的销售人员跟踪订单时，你可能需要考虑 3 个主要因素：

1. 销售沟通的价值。赢下订单的第一个因素，也许也是最重要的因素，是销售人员在销售沟通中创造的价值。这是你的销售方法起作用的原因。如果一个客户没有从沟通中获益，他们就不太可能从这个销售人员或他们的公司那里买东西。如果你的客户相信你的销售人员教会了他们如何做出更好的决定，他们就会更愿意从这个人那里买东西，尤其是他们的专业知识提供了信心和确定性时更是如此。

2. 了解客户。销售人员越了解客户和他们的业务，他们赢下订单的机会就越大。这就是资深销售人员在垂直领域能够迅速提升的一个原因。让潜在客户犹豫的一个原因是，他们不相信销售人员"了解他们的业务"。这表明销售人员可能在两件事情上出现了问题。首先，这通常意味着销售人员没有问对问题。每个客户都需要销售人员在与他们接触之前了解某些信息。但销售人员通常不可能在销售沟通前掌握这些信息。这需要在销售沟通中进行讨论，而确保这一点的唯一方法就是问对问题。其次，这可能表明销售人员缺乏商业头脑，他们无法将客户的挑战与他们需要做的、可以改善他们结果的事情联系起来。许多客户面临的挑战是他们所在行业或环境中更大的系统性问题的反映。

3. 交付预期结果的方式。大多数销售组织都要和其他公司竞争，这些公司也都有能力改善客户的业绩，但有些方式比其他方式更有效。提供预期结果的方式是一种让自己与众不同的方法。你越是让客户觉得你已经根据他们的偏好调整了你的方法，你就越会吸引更多的利益相关者同意从你这里购买东西。

每笔订单在策略上都有细微的差别，但这 3 个因素是普遍存在的。让你的专业直觉来引导你：如果你的直觉告诉你有什么不对劲的地方，花点时间去探索它；如果有必要的话，亲自去见一次客户。新的净收入来自新的订单。如果你的团队没有赢下足够多的新创造的机会，你们就完成不了自己的业绩目标。

我们会怎样输掉订单？

许多销售主管喜欢问销售人员打算如何取胜，而不去考虑他们会如何失败。两个问题都要问。（我希望）没有一个销售人员会说他们失败是因为没有创造出足够的价值，没有了解他们的客户，或者没有让客户看到适当的交付结果。新的销售人员可能担心高价格会导致客户转向竞争对手，尽管这种可能性比他们认为的要小。以下是 4 个值得探讨的因素：

1. 谁更倾向我们？为什么？我知道单凭人际关系赢不了订单，但在获取新的机会和吸引新的客户方面，人际关系至关重要。如果销售人员不知道决策者是否喜欢他们，那就表明他们的订单陷入了麻烦。有经验的销售人员知道，如果决策者喜欢和他们说一些订单的进展情况，那就说明决策者更喜欢他们。除决策者外，客户的公司中越多的人认为他们做得好，成交的结果就会越好。

2. 客户的时间。我们跟踪销售过程中的很多信息，尤其是销售活动。但是当涉及销售沟通时，我们能跟踪的很有限。有一个简单的方法是记录沟通时间，当决策者给销售人员更多的时间时，表明他们对这个销售人员有更多的偏爱。反之亦然：客户愿意给销售人员的时间越少，他们赢下订单的可能性就越小。

3. 潜在的妨碍订单的因素。在和客户沟通时，客户的某些不可妥协的需求会成为"妨碍订单"的因素。如果不能或不愿意提供这些信息，或不愿意以某种方式提供这些信息，可能会使销售人员输掉潜在的订单，也会使你失去新的净收入。也许现在并没有什么"妨碍订单"的因素，但即使是潜在的因素也值得跟踪。如果你不确定，让销售人员询问他们的客户。

4. 竞争威胁。你无法改变竞争对手的行为，所以谈论他们没有多大用处。然而，你有充分的理由去了解你的竞争对手希望在这个订单上如何打败你，这样你就可以打乱他们的竞争策略。例如，面对一个喜欢打价格战的竞争对手，你可以很容易地用三角定位法打败他们。你可以向客户解释，如果采用低价格，那么在某些商业模式上将不得不做出妥协。然后向客户展示，如果没有合适的投资，那么客户将无法实现他们的目标（参见我的《精英销售策略》一书，了解更多关于三角定位法的内容）。

这种方法的价值在于，你越多地帮助销售团队提高效率，他们的业绩就越好。你希望团队中的每个销售人员都能逐步变得更有效率；这就是正态分布曲线急剧向右移动（第十章）背后的主要思想。你可以通过向销售人员提问来训练他们思考赢下订单的方法。如果销售人员可以毫不犹豫地回答你的所有问题，那么就可以问他们新问题，使他们变得更有效率，从而去赢下新的订单。

作为销售主管，如果在我们的位置上不能帮助销售人员变得更有效率，我们就会让他们失望。

和销售人员一起给客户打电话的两个原因

你应该和销售人员一起给客户打电话。这里有两个重要原因。首先，这是了解销售人员在客户面前表现情况的唯一途径。尽管销售人员可能会对你坐在旁边却一言不发感到不舒服，但之后你们会有很多话可聊。在开始时，你可以询问销售人员他们认为电话进行得如何，你可以借此了解他们是如何判断自己的表现的。除非销售人员犯了严重的错误，否则你不应该马上批评他们。相反，你要记下他们做得好的所有地方，然后与他们分享未来可能做得更好的地方。

和销售人员一起打电话的第二个原因是，作为一名积极的参与者，你可以为新的订单做出贡献。作为公司领导层中的一员，你对客户和他们的需求表现出关注，可以大大提升销售沟通的质量。处理这类客户电话的最好方法是做好规划，分清你们各自要负责的领域。对于一个必须拿下的订单，你可能自己也要去跟踪这个订单，发现需要改进的地方。

在销售中获得支配地位的策略

一般来说，你的策略要能压制对手，而不仅仅是与他们竞争。具体来说，你可以在销售过程的 3 个方面获得支配地位：存在感、时间和叙事技巧。这 3 种创造竞争优势的策略并不总是容易运用，但鼓励团队使用它们可以帮助你赢下本可能会输掉的订单。

在存在感上获得支配地位

首先，真正出现在客户面前，就能创造竞争优势。跨过千山万水出现在客户面前的销售人员，不用说一个字就能向客户传达一些重要的信息。你出差来见他们，就说明你对他们的重视程度。你的客户会认为，比起那些拒绝露面或坚持使用网上会议系统的销售人员来讲，这些销售人员更了解他们的业务。

2021 年 3 月，摩根大通（JP Morgan Chase）的首席执行官杰米·戴蒙（Jamie Dimon）接受了美国全国广播公司财经频道的采访。戴蒙解释说，他正在取消公司的所有视频会议；不过，他接下来说的事情要有趣得多，也重要得多。戴蒙表示，他和他的团队与新冠疫情期间流失的所有客户又进行了交谈。他们选择从戴蒙的竞争对手那里买东西的唯一原因是，戴蒙的竞争对手来过，而大通的销售人员却从没来过。

在时间方面获得支配地位

让我们想象一下，一个规模很大的潜在客户要和 3 个销售组织见面。客户的时间既宝贵又重要。在这种情况下，大多数销售组织都会尽力表现得礼貌，甚至有点卑躬屈膝，对客户提出的方案不敢说一个"不"字——即使这并不符合客户的目标。许多销售人员认为，服从客户胜过为客户创造价值，即使这是一个错误的、不会改善客户结果的决定。幸运的是，你比他们高明。你利用这段时间展示了为什么和你合作会让客户受益，即使这意味着你要教育他们用更好的方式决策。

利用时间创造竞争优势意味着你比竞争对手创造出更大的价值。这就是为什么你需要一种创造价值的销售方法，你要向客户提供大多数销售人员无法提供的建议：包括如何购买的建议，包括进行哪些销售沟通才能做出最佳决策的建议，以及在销售沟通和决策中需要和谁取得共识的建议。如果销售人员可以获得更多的客户时间，挤掉竞争对手的时间，他们就会获得一种不对称的竞争优势。即使只多了几个小时，也可以进行更深入的、更少事务型的沟通。当你的竞争对手和客户玩井字棋的时候，你会希望你的团队正在和客户下国际象棋。

在叙事技巧方面获得支配地位

这是一种很少有人意识到的策略，尤其是当他们采用的是传统的 B2B 的销售方法时更是如此。所谓叙事，是你对现实的演绎，包括对什么是好的、什么是正确的看法。分享这些叙事，可以抓住客户的思想，影响他们对周围世界的看法。

销售人员利用他们和客户面对面的、有充足时间的沟通，帮助客户更好地了解他们所处的世界和他们面对的现实。这与他们的竞争对手"为什么选择我们"的话术截然不同。销售人员通过自己的专业知识和经验，告诉客户为什么要改变以及如何改变，以及如何权衡各种不同的因素。他们会因此获得客户好感。

有些销售团队认为，他们公司的历史、他们的客户、他们的产品和服务是他们唯一必须分享给客户的东西。他们认为谈论这些话题会让客户喜欢和他们做生意。这可能是他们经常输掉订单，以及大多数销售人员未能达到业绩目标的根本原因。

赢得新的净收入

胜率是一个重要指标，可以判断你在提高团队效率方面的有效性。为了赢下更多的订单，你需要提高每个人从现有客户那里创造和赢得机会的能力，以及获得新客户的能力。这些新的客户能在现在创造新的收入，并能在未来创造潜在的收入。

当你读这本书的时候，你会做出一些改变，有些改变比其他的改变更难。这本书提供了一种全面的收入增长的方法，你很容易选择容易的变化，同时避免困难的变化。特别是，你可能会把大量时间花在销售机会上，因为它比许多其他必要的变化更吸引人，也更有趣。

事实是：无论你的胜率有多高，如果没有足够的销售机会，你都无法创造出实现目标所需的收入增长。如果你不做出这些必须做出的决定，而是把问题拖到以后解决，你就会长期忍受糟糕的业绩。

第十二章
CHAPTER 12

订单预测

很多时候，客户管理系统都会帮你预测订单，不过结果未必准确。预测"大学生篮球联赛"的结果都可能比预测季度业绩准确。也正因如此，一些销售主管将他们的销售管道称为"运行在虚假希望上的谎言"。

你能自信地预测季度业绩的唯一方法就是，在你预测之前赢下你需要的订单。除此之外，任何没有签署合同的订单都只有一半的机会获胜。关于销售的数学计算，你可以随便争论，但我向你保证，只有两种结果：赢或输。

对于销售的数学计算的误解

当你使用了一套客户管理系统——比如赛富时（Salesforce）——之后，在订单的每个阶段都有相应的胜率，表明你赢下这个订单的可能性。Salesforce 模板中的第一个阶段是"寻找新客户"，它显示赢单的百分比为 10%。然而，除非你的团队在每 100 个新客户中赢下 10 个，否则没有任何证据表明，在你与潜在客户沟通之前，你有任何机会赢下他们的订单。

第二阶段是"确认资格"，Salesforce 也给出了 10% 的胜率。按照这个无厘头的逻辑，对合格的和不合格的潜在客户来说，你赢下订单的机会都是一样的。这表明，确认资格这一工作对提高你的业绩毫无帮助。然而，仅仅做了第三阶段"需求分析"以后，你的获胜机会就会翻倍，即使挖掘客户需求的电话沟通得非常失败，销售人员已经没有机会再做下一步了，也是如此。显然，任何称为"需求分析"的会议都会自动给你赋予 20% 的获胜机会。

下一阶段称为"价值定位"，这会把机会从 20% 提高到 50%，即使在这个阶段你做的只是简单地解释一下你的"解决方案"为什么适合潜在客户，赢单机会也会到 50%。下一个阶段是"确定决策者"。到了这一阶段，胜率就是 60% 了。尽管你可能想知道，既然决策者这么重要，为什么你的销售人员还需要把价值主张传递给决策者以外的其他人？我承认我不知道什么叫"认知分析"，但走到这一步时，你就有了 70% 的胜率。接着，仅仅交出一份提案和报价，就能让你的胜率再增加 5%，让你有 75% 的胜率。而进入谈判阶段，胜利几乎是板上钉钉的事了，已经有 90% 的机会获胜。

这种方法比瞎猜好不了多少。只要看几个常见的场景，就能明白我的意思了。

场景 1

你最好的一位销售人员已经完成了"认知分析"阶段，

并更新了客户管理系统。现在看起来有 70% 的机会赢下这个订单。当你在制定订单策略以确保销售人员赢下订单时，她告诉你，你的公司是客户正在考虑的 3 家候选公司之一。不过她能力很强，所以你并不担心。

然而问题是，这些数字不能合起来看。如果你最好的销售人员有 70% 的机会赢下订单，那么就意味着你的两个竞争对手一共有 30% 的机会赢下同一个订单，每个对手都有 15% 的胜率。即使他们的客户管理系统根据他们处于的销售阶段，也显示出有 70% 的胜率。如果你听糊涂了，那我再说得简单一点：客户管理系统将 210% 的胜率分成了 3 份，你赢下订单的实际概率只是 33%。当你与另外两家公司竞争时，你赢下订单的概率约为 33%。

场景 2

你的一位新来的经验丰富的销售人员汇报说，他们正在进行一个订单的最后谈判，这是一笔必须拿下的订单——在你的客户管理系统中，胜率已经达到了 90%。但在谈判开始之前，客户给你的新销售人员发了一封电子邮件，要求他给出最好的最终报价。销售人员不知道这位决策者还在和其他的合作伙伴私下沟通。

因为我们已经做过这道数学题，你现在知道你最多有一半的机会赢下订单。但你有一种预感，因为你的价格最高，所以竞争对手的"最佳的最终报价"可能会把你的机会降低到接近于零。

场景 3

你的销售人员联系上了一家大公司。当他设法约见客户时，你感到惊喜，但你也担心这位销售人员有没有能力处理这么大而复杂的订单。幸运的是，决策者似乎很喜欢这个销售人员，特别希望与这个销售人员合作。销售人员已经在客户那里花了几个小时了，他很快就汇报说他要给客户一个提案和报价，比你想象的要快得多。

你估计赢下这个订单的可能性接近 20%，因为这是到目前为止，你们公司销售人员的平均胜率。而且即使把所有这些赢下的订单加起来，销售额也只有这笔订单的四分之一。你觉得不可能赢下这笔订单，所以你甚至懒得把这个机会放在你的订单预测当中。但这并不重要，销售人员带着签好的合同和今年最大的一笔订单回到了办公室，你的正态分布曲线上的任何销售人员都难以胜过他（这是一个真实故事）。

后来你发现，原来客户方面的决策者和销售人员都来自北卡罗来纳州的同一个小镇。销售人员的亲戚其实也都是决策者的亲戚。

获得更多的有关销售情况的洞察力

人们倾向于把销售当作一门科学，不过它更像是一门手艺。科学是对真理的追求。科学家通过实验来检验他们的假设。如果实验证明这个假设是正确的,那么其他科学家就会进行同样的实验来证实或证伪这个假设。这被称为"可重现的结果"。

让我建议一种更好的方法。首先,看看每个销售人员赢下的订单总数,并除以他们跟踪的订单数量。这可能会告诉你,销售人员 A 赢下了 10 笔订单中的 5 笔,有 50% 的胜率,这个数字相当不错。但当你仔细观察数据时,你会发现他赢下的是 5 笔小订单,输掉的却是 5 笔大订单。这个简单的分析可以让你更好地预测,哪些订单会赢下来,哪些订单不会出现在你的幻灯片上。

你可以通过观察每个销售人员在销售过程中遇到的问题,以及在哪里遇到问题,来获得更多的洞察力。在销售人员 A 输掉的 5 个订单中,有 4 个潜在客户在销售人员打了第二次电话,试图了解他们的需求后,就退出了。这虽然在订单预测上帮了你的忙,让你知道可以把哪些订单从你的报告中删掉,但它也可以帮助你认识到销售人员在哪些地方可能需要额外的帮助。

如果你想详细了解团队中的每个成员,不妨做更多的计算,使用每个人的成功率来对他们的销售管道做出更精确的预测。让我们假设销售人员 B 跟踪了 20 个潜在客户并赢下了 2 个新客户。

- 确认资格:在这个阶段有 20 个客户,最终赢下 2 个,意味着销售人员有 10% 的机会赢下一笔订单。

- **发现需求**：有 8 个潜在客户进入了这个阶段，所以销售人员有 25% 的机会赢下订单（2 除以 8）。
- **需求分析**：有 7 个潜在客户进入了这个阶段，所以胜率是 29%。
- **价值定位**：接下来的 3 个阶段都是一样的，有 6 个潜在客户进入了这些阶段，意味着胜率是 33%。
- **确定决策者**：33%。
- **认知分析**：33%。
- **提出报价**：走到提案和报价这一步的有 4 个潜在客户，所以销售人员有 50% 的可能性赢下订单。
- **谈判**：3 个订单进入谈判环节，最后赢下 2 个，意味着胜率是 67%。

杠铃策略

想象一根杠铃：它是一根长金属棒，两边各有质量相等的配重。一边的配重代表一种极端保守的销售方法，它具有合理的、稳定的结果和回报，而另一边代表一种极端激进的销售方法，具有巨大的风险和同样巨大的回报。在你的销售管道中可能有几个订单在杠铃的保守端，但在激进端的却少得多。

在这个比喻中，我们必须小心"配重"这个概念。平衡杠铃并不仅仅是平衡订单的规模：中小型订单并不总是保守的，大型订单也并不总是激进的。在这种情况下，你是在平衡风险和回报。风险较小的大型订单同样可以位于杠铃的保守端。

你在杠铃的保守端放的配重越大，你跟踪订单的能力就越强。从长远看，一旦你赢下这些订单，就会带来巨大的回报。如果你保守端的配重太少，而激进端的配重太多，就会伤害到你。例如，你可以在保守端放 3 个大型的低风险订单，而在激进端放一个非常大的订单。你也可以在保守端放大量的中等规模的订单，它们的销售额足以实现你的目标，然后在激进端放一个巨大的长线订单。

跟踪两个销售管道

销售主管或销售人员都没有很好地理解建立两个（或三个）销售管道的必要性。特别是对那些跟踪大型潜在客户、需要花很长时间才能创造和赢下订单的销售人员而言，更是如此。如果你的销售策略是建立在赢得那些会花很多钱，并认为你卖的东西具有"战略性价值"的大客户的基础上的，那么你的业绩就可能出现巨大的波动。

为了确保你每个季度都有订单入账，你需要第二条销售管道，这条管道能给你带来收入，让你有时间去跟踪理想客户。你可以这样想：你的战略性销售管道包括那些大的、长周期的、战略型的客户，这些客户是你为了获得丰厚的佣金而追逐的。而日常的销售管道侧重于规模较小的、周期较短的客户，这些客户即使不能创造巨额的收入，也能创造相当可观的收入。

改进订单预测的准确度

我们通常衡量赢下一笔订单的周期是从和客户的第一次见面到客户签署合同的那天为止。这并不是一个糟糕的衡量销售周期的方法，但它并不准确。请允许我介绍另一种方法。它需要第二个销售管道，并可以提供更准确的预测。

大型的、具有战略意义的客户肯定已经有自己的合作伙伴了。他们为这个客户提供的产品和你销售的产品差不多。这意味着这些客户已经有了采购合同，以及深厚的合作伙伴关系，其中一些关系是经过多年建立起来的，并经历了很多风雨。在这些潜在客户中，有很多在几个月甚至几年内都不会考虑更换合作伙伴，因此创造机会和赢下机会都需要很长的时间。我们称这种方法是"零年"方法，意思是机会可能要到第一年、第二年甚至第三年才会出现。

我的观点是：在衡量销售周期时，如果你去掉了获得第一次见面机会前所花的一年或多年的时间，你就是在欺骗自己。销售主管和销售人员难以创造持续收入增长的一个原因就是，他们销售管道中的最大机会的运作周期很长，而且往往时断时续。

追求大型潜在客户的好处是，你可以确定他们关心你的产品（他们在竞争对手的身上花了很多钱就是证明），而且他们的投资具有战略意义，找到合适的合作伙伴对他们而言至关重要。赢得这些"理想客户"的重要性不可低估。正因如此，你需要第二条日常的销售管道，来保护你的战略性销售管道。

如果你能赢下一个价值 250 万美元的客户，为什么还要去赢下一个价值 10 万美元的客户呢？但你可以很容易地同时做到这两点，用"零年"方法跟踪长期项目，同时赢下那些较小的、但仍然很重要的订单。日常的销售管道提供了数量稳定的新订单，可以在你跟踪巨大机会的同时产生收入。

管理多个销售管道

当你跟踪大客户的时候，每天或每周都不会有太多的变化。你可能会和你的客户开一个小时的会，在会前花一个小时准备，在会后再花一个小时跟进你对他们的承诺。在销售管道评估会议上，更新订单的情况只需要几分钟的时间。但随着事情升温，你可能需要花更多的时间来制定策略和制造跟进机会。

销售组织和销售人员的业绩看起来忽高忽低的一个原因是，他们在一个季度赢下了一个大客户，然后就把所有的注意力和精力都放在了这个客户身上，造成下一个季度的业绩严重下滑——这是不努力创造和跟踪其他机会的结果。收入也可能有大的起伏，尤其是当看重的大订单被取消的时候更是如此。这里的原因很多，有可能是因为你的潜在客户被他们最大的竞争对手收购，或者高层领导调换了工作，或者利益相关者决定给你的竞争对手一个扭转局面的机会。

因为大的订单通常需要更多的时间，所以你可以利用和客户两次见面之间的时间来创建和赢下一些小的订单。对于这样的订单，客户做出变革的决定不会那么复杂，而且变换合作伙伴也不需要花费太多的精力，因此日常的销售管道进展更快。你要做的是填补你业绩下降时的部分，特别是当你陷入危险、收入趋近于零的时候，更要这么做。

对于长销售周期的订单和短销售周期的订单，管理思路是不一样的。大型订单太少的话，会影响你的业绩；而中型订单太少的话，会让你的收入低于你需要的水平。折中的办法是既要跟踪大型订单，也要跟踪中大型的订单，追求最大的收入水平，避免不是撑死就是饿死的极端情况。

影响订单预测的因素

订单预测是很难的。重要的是记住，你可能会因为预测不准而得到原谅；但如果你没有达到收入目标，你却不会得到一丝的宽恕，高层领导会记住这一点的。

当你决定是否把一个订单放入可能赢下的订单列表中的时候，你可能会考虑很多因素。研究这些因素有助于你更准确地预测。虽然没有一个单一因素能保证赢下一笔订单，但把几个因素结合起来，你就会做出更好的预测。

- 不改不行。除非销售人员告诉你，客户为什么必须改变，否则没有理由把这个订单放入预测列表当中。如果有大量的细节说明，潜在客户必须做出改变，并能证实糟糕的业绩如何损害了他们的业务，那么就说明机会是真实存在的。

● 努力推动变革。在一些销售沟通中，高级领导会告诉销售人员，要努力推动客户做出需要的改变。在我的作品《成交之书》(*The Lost Art of Closing*)中，我建议销售人员直接询问客户是否愿意做出改变。你不希望走过整个销售流程后，却发现他们只是在探索。在订单预测中，对变革的承诺是一个加分项。

● 利益相关者。尽管"预算、权限、需求和时间表"(BANT)的资格确认工作给潜在客户带来了可怕的体验，但你的销售人员还是要从利益相关者开始，进行资格确认。毫无疑问，客户中一定会有帮你们说话的支持者；不太确定的是，他们中是否有了解这一切并对这个变革计划感兴趣的高级领导。你希望知道谁会批准这个变革计划。如果利益相关者太少，你可能需要推迟把这个订单放入预测列表的过程。

● 客户中其他部门的参与意愿。在小型订单中，销售人员可能会毫不费力地找到他们所有要见的人来赢下订单。随着订单规模的扩大，我们有理由担心，除主导这一变革计划的部门外，销售人员可能还没有见过其他人（了解你销售的内容对于客户能不能推动变革至关重要）。当你有理由相信一笔订单将涉及不同领域的业务部门时，你可能需要推迟对这个订单的预测，直到你确定销售人员已经拜访过客户的所有相关部门为止。

- **客户的努力程度**。这也许是这个列表中最被低估的因素。一个在客户内部努力推动这个订单的支持者是一个非常有力的证据，证明客户将会下单。如果销售人员认识到客户正在帮助你们，那么你就应该把这个订单放入预测列表当中。如果客户不怎么推动这件事情，就先不要把它放在你的预测列表当中。

- **合适的交付模式**。因为我们推销自己解决方案的时间太长了，所以许多销售人员会认为，他们的解决方案优于竞争对手，这使得他们很难面对现实。其实有些时候，他们的解决方案并不合适。这里有一个例子：潜在客户在行业中是一个奉行低价策略的供应商，所以他们需要一个可以帮助他们降低成本的合作伙伴。你的解决方案要好得多，但你的交付模式与客户的商业模式不一致。我永远不会把这样的订单放在预测列表中，不过如果我搞错了，我会很高兴。

- **采购流程**。当被问及客户的采购流程时，一个不知道客户需要什么才能下单的销售人员可能无法很好地预测客户的时间表。销售人员不喜欢问这些问题，因为这会让他们听起来以自我为中心。一个好的提问可以是这样的："你愿意和我分享一下你们过去在这类项目上的采购流程吗？这样我就能确保我和我的团队提供你们需要的东西了。"在不知道买家需要什么的情况下，很难预测一笔订单。

● 客户的开工日期。对一些销售组织来说，了解客户要在什么时候实施这个项目是至关重要的。我有几个朋友在一家公司工作，他们的客户要求在 8 月前开工，否则就真的没法用他们了。一个有明确开工日期的客户比一个 9 月也行或者次年 1 月也行的客户要好。如果是后一种，能否成交就非常难以预测，你可以把它们先排除在预测列表之外，直到情况发生变化。

● 口头承诺。口头承诺不如写在纸上的承诺值钱。但即便如此，对销售人员的口头承诺也至少证明了客户有兴趣从他们那里购买东西。你可以进一步确认是谁做出的承诺，以及他们是否得到了团队的支持。如果是高层领导，就更容易让人信任。如果说话者的级别较低，那么你就应该深入挖掘，获得更多的信息。

● 竞争对手。在谈到销售的数学计算时，我们已经谈到过竞争对手了。当有 3 家公司竞争一个订单，而你的销售人员只是其中之一时，你不应该把这个订单预测为肯定拿下，尤其是如果你们在类似的情况下，曾经和竞争对手打得难解难分时更是如此。幸运的是，你也有自己的强项，看上去更有可能获胜。当你有大量的积极因素支持你的时候，你就可以有信心把这笔订单放在你的承诺当中。

● 你的直觉。当有疑问时，要相信你的直觉。有时你是错的，有时你是对的，就像其他人猜测你会赢下哪些订单一样。有时候，销售人员明确地知道他们会赢下或输掉一笔订单，通常是在第一次见面、试图发现客户的需求时，他们就知道了。他们偶尔会错，但他们久经沙场，知道在第一次会面结束后，那种胜利的喜悦是什么滋味。他们同时也知道，很容易输掉本该赢下的订单。

最终，这笔订单有可能进入你的预测列表，也有可能不进入。但按照这本书中的方法工作，你会创造出更多的机会，实现你的目标。

给自己看的预测

我熟悉的一家公司每天都要对订单进行预测。为了完成这个完美而毫无价值的任务，每个销售主管每天都必须更新他们的预测。正如你能想象的那样，每天都没有太大的变化；尽管这些人不顾一切地想要更新数字，但有些数字会连续三四天都没有变化。他们用于计算和发布这些更新的时间，本可以用来努力赢得那些他们正在假装进行预测的订单。亲自下去拼杀（并赢得比赛）总比坐在那里预测最终的比分要好，尤其现在第一节比赛才刚结束。

如果有一件事我能告诉你，那就是，你的预测是给你自己看的。这是一种练习，可以确保你获得新的净收入，并为你的目标赋予一些确定性。尽管这么说，在某些行业，订单预测还是必要的，它可以确保公司留下资源照顾你的客户。

虽然很困难，但你也应该在订单预测方面尽最大的努力。

你对订单的预测可以帮助你了解为什么订单没有进展，或者为什么销售人员在提高效率和胜率上没有什么效果。预测哪些订单会按时完成、哪些会推迟、哪些会输掉，可以帮助你和销售人员以及销售团队进行沟通，讨论效率问题。你在预测订单之前提出来用于测试订单的那些问题，同样可以用来发现你的团队在哪些地方需要更多的帮助。

第十三章

保护销售团队

在某些情况和某些企业文化中，你需要在销售人员周围建立起一道防护屏障——一种力场，防止他们被拖入与销售无关的工作中。我并不是说销售部门比公司的其他部门更重要。部门之间应该相互依赖，彼此需要，就像方向盘需要引擎一样。我也不是说你的销售人员不应该和其他团队合作。然而，作为销售主管，你的一部分工作就是保护他们心无旁骛地把精力用在可以带来新的净收入的任务和项目上。

让我再说得清楚些：在你的公司内部，会有一种力量试图模糊销售角色和其他角色之间的界限。如果你想获得收入增长，就必须保持角色边界的清晰。但在我们讨论角色清晰度的问题之前，让我们先来探讨一下，为什么一些看上去善良、友好、适应力强的专业人士会毫不犹豫地安排有才能的销售人员去做他们职责之外的事情。

和销售无关的工作以及模糊的角色

人们经常会找两种不同类型的销售人员完成和销售无关的工作。第一类是可以熟练解决问题的人，他们有能力比别人更好、更快地解决问题。当要解决某个客户的问题时，谁最合适？如果你的回答是"运营人员""财务人员"或"法律人员"，我看你还是不要再开玩笑了。能赢下订单的销售人员永远是解决问题的首选。我们稍后会回到这个问题。

第二类是心甘情愿的拖延症患者——这类销售人员乐于接受和销售无关的任务，这样他们就可以"看起来很忙"，而不用努力去卖东西，尤其是努力去寻找新客户了。他们甚至可能很擅长这些任务——也许是因为他们在这上面花了更长的时间。这里面有些人会更喜欢客户经理或客户关怀这样的角色，可是他们对冲突的厌恶也会限制他们在这些角色中的效率。

第一类销售人员能力强，与客户关系好，因此他们是解决问题的首选，因为没有人愿意为失去客户负责。有时这是必要的，即使销售人员对可能的功败垂成会感到恼火。第二类人都不需要去请——他们总是时刻准备着为客户做任何事情，即使这是另一个部门的责任。

在我们继续讨论之前，让我先帮助你确认，你的销售团队中的每个人都是具有团队精神的人——不是被迫去做他们责任范围以外的工作。在我的《直效营销》(*The Only Sales Guide You'll Ever Need*) 一书中，其中有一章是关于责任的。这一章的主要内容就是认为，销售人员卖给客户他们需要的东西并且承诺交付。创造和赢得机会是销售人员的主要职责。然而，一旦销售人员完成了这一职责，公司的其他部门就要完成交付结果的工作。

为了在不改变职责的情况下成为具有团队精神的人，你的团队需要建立并维护角色的清晰边界。让我们先来看看人们要求销售人员做的一些最常见的事情——尽管这些事情显然不属于销售人员的职责。

日常运营任务和角色的清晰边界

假设你的销售人员接到一个客户的电话。客户丢失了一件重要的货物，他们要求销售人员帮他们找到。销售人员希望照顾好自己的客户，所以迅速采取行动，试图解开谜团，找到丢失的货物。在花了一个小时寻找之后，销售人员最终"放弃"，并与运营团队取得了联系，后者很快就找到了货物。然后销售人员打电话给他们的客户，告诉他们货物的情况以及运营团队是如何找到它的。

如果你觉得这种做法很合理，那么你可能很难达到创造新的净收入的业绩目标。这种做法一点也不合理。以下是销售人员应该采取的具体步骤：

- 销售人员接到客户的电话。销售人员没有理由不接客户的电话。你希望你的销售人员照顾你的客户，因为这是客户关系中的一部分。但是销售人员不应该承诺自己去找到货物，而是应该告诉客户，他们会打电话给运营团队，并让运营团队给客户打电话，寻找客户丢失的货物。

- 销售人员给他们的运营团队打电话。销售人员挂断了客户的电话，立即打电话给他们的运营团队，告之客户的问题。然后，他们让运营部门的同事打电话给客户，让他们知道运营团队正在努力寻找丢失的货物。作为附带的收获，客户将会认识一位将来可以帮助他们的人，这样客户就不必每次都玩电话捉迷藏的游戏了。

- 运营团队将结果报告给销售人员。因为销售人员是第一个接到这个问题的人，所以他们需要运营团队向他们报告最新的进展。无论是好消息还是坏消息，销售人员都要给客户反馈，因为他们之间有最牢固的关系。

- 销售人员给客户提供反馈。一旦问题解决了，销售人员就会给客户打电话，结束整件事。他们还会告诉客户运营部门相关人员的电话号码，以防客户将来有类似的问题。你可不希望一个碰到紧急问题的客户不得不等上 90 分钟，直到你的销售人员打完另一个电话或开完另一个会才有时间处理，特别是当其他的员工可以用一半的时间就解决了这个问题的时候更是如此。

下面是另一个常见场景，可以说明角色清晰度的重要性。你的客户给销售人员发邮件，告诉他们一个财务上的问题：他们收到的发票是错的，所以付款部门不会付款。销售人员进入系统，找到错误的发票，并将其打印出来。但由于没有修改权限，他只能在电子表格软件中花了两个多小时的时间重新制作了一个完美的发票副本。接着，他把这个模板上传到销售团队内部聊天室中。很快，又有 3 名销售人员"改正"了客户的发票。

这里有两个问题。首先，销售人员没有任何理由重新打印和编辑发票，这只是在浪费时间。其次，他们这样做干扰了收款部门的责任，很容易把事情搞得更糟，尤其是在未经授权的模板开始流传的时候更是如此。显然，这里的电话是针对财务问题而不是运营问题的，但同样可以采用上面的 4个步骤解决这个问题，并让客户满意。

让你的销售人员为客户创造战略价值

为了执行现代的高效率的销售方法，销售人员必须和他们的客户平起平坐。在帮助客户提高业绩方面，他们必须处于权威地位。正如我在《吃掉他们的午餐：从竞争对手那里赢得客户》一书中说的那样，你的销售人员需要为客户创造战略价值。这是 4 个价值层次中最高的一个。当你允许销售人员去做公司其他部门的工作时，即使这是他们自己的想法，你也会把他们从一个值得客户信任的同事降级到一个不那么重要的地位上。你也摧毁了他们在客户面前略胜一筹的地位（参见《精英销售策略》一书）。

你需要保护你的销售人员，避免他们降低自己的地位。一个与潜在客户不平等的销售人员不会得到任何好处，即使是表面上的服从也会损害他们的关系。你不应该让销售人员去做公司其他职能部门的工作。你应该让他们参与到客户面临的战略挑战中，尤其是当他们可以帮助客户扭转局面的时候。不肯面对战略挑战的销售人员无法长久地留住客户。

日常运营中的问题和人质交换

我刚开始做销售的时候，还很年轻。我为客户做各种各样的事情，尤其是为那些对我们公司的生存举足轻重的大客户。我会在他们的墙上挂计时器，制作报告，有一次，我还用微软的 Access 软件为他们制作了一个客户管理软件。我有足够的能力完成各种和销售无关的任务和项目。他们需要我的帮助，这让我感觉很好。但感觉良好并没有增加我的销售额。最终，我明白了这个道理，放弃了和销售无关的一切工作，这样我就可以把时间和才能花在追求大的订单上了。

销售人员通常善于和客户沟通，也经常被要求介入并处理客户的各种问题、麻烦、抱怨或诸如此类的东西。许多（如果不是大多数的话）销售经理会允许运营团队不声不响地从他们这里借走一两个销售人员。这是一笔昂贵的费用，而同事——更不用说客户了——很少以同样的方式回报他们。你越是把有限的资源用在创造不出新的净收入的成果上，你获得的新的净收入就越少。

当一名销售人员被拽过去干其他事情的时候，你要去找"绑架"走这名销售人员的其他部门的负责人，并告诉他们你现在缺少一名销售人员，要求他们派人代替那个销售人员给陌生客户打电话并安排会面。当你的销售人员重新打印发票时，你可以要求财务主管为你提供一位厌恶冲突的财务人员为你安排和新客户见面。请微笑着提出这一要求，并提醒他们，你需要团队中的所有成员一起努力，才能实现你的业绩目标，就像他们需要所有的电子表格制作者完成他们的工作一样。你可以向挖墙脚的人保证，如果他们不挖你的墙脚，你也不会挖他们的墙角。

跑偏的销售人员

销售工作中有一种危险的趋势，会使销售主管难以达到他们的业绩目标。一些销售人员（至少从名片上看，他们是销售人员）决定走另一条路，放弃原本被指定的角色，去承担另一个角色。忽视这种倾向是很危险的——你很快就会发现自己无法达到目标，只能去努力弥补失去的时间和错过的机会。

销售人员喜欢大客户和他们佣金支票上的大数字，但他们不喜欢必须去寻找新客户、创造新机会，以及必须赢下新订单所涉及的所有麻烦事。当你已经很快乐了，赚的钱已经足够多了，为什么还要去做这些工作呢？因此，你的销售人员尽管还保留着销售人员的头衔，但他们已经开始像客户经理一样工作了。他们会做一些和销售无关的工作，让自己忙起来，并让大客户满意：跟进订单，生成报告，打印发票，帮助客户改善会议室的风水，为客户的团队端来 4 杯咖啡，当然还要从学校接客户的小吉米，送他去足球训练营。没过多久，就没人能确定他是在为你工作还是在为你的客户工作了——而谁又能责怪他们呢？

有一些销售人员更喜欢做客户经理。如果你的销售团队中有这样的人，那么最好是把他们调到他们想要的职位上去。除了极少数例外，那些喜欢做客户经理的销售人员对于降薪是没有什么问题的。如果一个销售人员不想创造和赢得新机会了，那么不如让他当一个优秀的客户经理。试图让客户经理重新做回销售人员，一点也不好玩，而且基本上是徒劳无功的。

保护你的销售团队不受业务方向突然变化的影响

你还需要在其他方面保护你的销售团队。假设你们已经齐心协力建造出了一条无敌的销售管道，肯定会确保你和你的团队完成业绩目标。你们几个人已经在梦想着去总统俱乐部和开曼群岛玩了。这将是你第一次体验和黄貂鱼一起游泳。不幸的是，有些事情影响了你们的心情：高层决定改变公司的优先事项，他们推出了一种新产品，需要整个销售团队全力以赴推广它。尽管你们现在正和一些潜在客户进行深入的销售沟通，而且他们在 60 天内就会下单，但公司还是要求你建立一条新的销售管道。

虽然与高层管理者和这些电子表格的制作高手争论并不有趣，但你必须尽最大努力说服他们兑现未来 90 天内可能签下的所有订单的承诺。你需要解决的问题有很多，首先是这些订单将为你、你的团队和你的公司创造多少新的净收入。还有你的潜在客户，他们指望你的团队帮助他们改善业绩，抛弃他们是不公平的。同样不公平的是，销售人员会因为公司业务方向的改变而受到损害，他们在佣金和声誉上都会受到损失。无论新的变革有多重要，你都有权要求一个宽限期，这样你的销售团队就可以尽可能地把他们销售管道中的订单签下来。

在一些行业，出于业务运作方式的原因，销售主管别无选择，只能从一个销售管道转向另一个销售管道。他们的销售人员调整起来很困难。但在某些情况下，这是必要的。如果你是这种情况，那么你可以通过确保销售人员有足够灵活性来适应业务的现实需求，从而最大限度地保护他们。但即便如此，你仍然要争取机会，在你开始建设另一条销售管道的同时，要尽可能多地签下以前的订单。

顺便说一下，也可能会有一些突然的转变。事实上，新产品发布后，如果"亲爱的上司"和其他高级管理人员要求你回到原来的销售管道，也不要感到惊讶。

小心外行人的建议

某些不是销售人员的人总认为他们知道销售人员应该如何工作。你会在公司里碰到这样的人，偶尔也会在社交平台上看到他们突然跳出来解释自己为什么不从销售人员那里买东西——通常是说他们要自己决定和谁见面，而且他们拒绝任何用尽手段寻求见面机会的人。更让人恼火的是，销售副总裁自己在帖子中说，他们不接陌生电话（但他们却坚持让自己的销售人员打这种电话），这种行为上的自相矛盾必然会招致销售人员的愤怒。

例如，我最近和一位市场营销专家聊天时解释说，有些销售人员不知道客户线索、潜在客户和销售机会之间的区别。我说，客户线索只是一个名字、一个电话号码和一个电子邮件地址；潜在客户是可能从你的销售中受益的人；销售机会是围绕着变革和你进行了销售沟通的潜在客户。那位市场营销专家说，这些区别就是"为什么销售人员和市场营销人员无法沟通"的原因。然而，尽管这两个职位都负责创造收入，但这并不是这两个职位总有分歧的原因。

我接下来要说的话估计市场营销人员听了会不高兴。但这是事实：除了极少数的例外，大多数市场营销人员不会花时间与潜在客户在一起。即使在警察局里指认犯人的时候，如果里面有你们公司最大的、最赚钱的客户，很多人也认不出他们。然而，市场营销部门执意要让销售人员回答"为什么选择我们"这样一个客户根本不会问的问题，从而毁了一次销售对话。通常，他们会在这个问题上浪费 8 到 12 张幻灯片和 20 分钟，我们可以把这种方法称为"糟糕的第一次约会"。

那些可怜的决策者们，一心想得到销售人员的帮助，提高他们的业绩，却必须忍受冗长的、"阻挠议事"般的长篇大论。如果他们要求你在第一次销售电话中必须使用这种方法，那我允许你撒谎，谎称你的团队正在严格按照这种方法进行销售。实打实地帮助你的客户，这种做法才是救命之举——当然也救下了订单。这 8 到 12 张幻灯片完全可以转移到演讲的最后，作为一种解释公司将提供哪些资源来确保客户成功的方式。

市场营销部门可以在销售中发挥重要的作用，但通常他们还没有意识到销售人员在销售电话中必须回答"为什么要改变"这个问题。如果你要求市场营销人员为你开发这些内容，也许能改善部门间的关系，并获得你想要的结果。

产品负责人和他们的允诺

还有另一群人，因为他们不是市场营销人员，所以只能排在幻灯片的次要位置上。你可以称他们为平民、麻瓜，或者直接叫产品负责人。这些好心眼的人同样相信自己可以对销售做出贡献，而且他们从来不会错过机会，在销售人员的誓师大会上开展培训，让他们了解新产品的"杀手级"功能和优势——不然你怎么能打败竞争对手的每一款产品呢？在某个时间点上，他们会根据合同中规定的义务，大声喊出："这个产品压根就是酒香不怕巷子深！"阅读沃尔特·艾萨克森（Walter Isaacson）的《乔布斯传》并不足以创造需求。说实在的，每当我去拜访客户的时候，我常常纳闷，为什么我总可以直接穿过大门走进去，但从来没有遇到一群潜在客户拦着我，嘴里高喊："啥也别说了，快点拿走我的钱！"

你永远不需要说服我，你的产品或解决方案是同类中最好的。我相信你，但我也相信竞争对手的产品或解决方案也是同类中最好的。尽管我非常希望你的产品或解决方案能迅速吸引大众，但我还没有看到这样的产品。

在销售人员的誓师大会上，产品负责人会教给销售人员如何演示产品，确保客户了解它的每一个功能、每一个好处和每一个优势。他们还会教授如何将自己的产品与竞争对手极其相似的新产品区分开来。好消息是，你的手机是用电解铝制造的，而竞争对手的手机是用不锈钢制造的，所以它的手机比你的手机质量多了将近 9 盎司（1 盎司 =28.35 克）。纳瓦尔·拉维坎特（Naval Ravikant）在推特上写道："你做销售是因为你不会做市场营销。你做市场营销是因为你不会研发产品。"这话真扎心。但这不会伤害到你、我或我们做销售的兄弟姐妹。当遇到坏建议时，我们是油盐不进的。

在销售工作中，大多数糟糕的建议都来自那些从未真正尝试、从未真正做过销售工作的人。他们有权利表达自己的意见，而你也有权利忽略他们说的每一句话。

任务、项目团队和感觉良好的计划

通常，你允许销售人员把时间用在哪里，角色的边界就在哪里。任何用在不创造收入的事情上的时间，都可以用来创造和跟踪新的机会。我们已经讨论了很多应该由别人完成的任务，但还有其他的威胁，你的公司越大，干扰就越多。

比如，一些高层领导想成立一个特别小组来研究公司员工的敬业程度。他们需要每个部门都出一个代表，包括销售部门。他们要求你提供两名销售人员来帮助完成这个非常重要的项目。他们坚持说，这个项目只需要几周的时间，而且对每个人都有好处。这似乎是一件小事，但从收入增长的角度来看待的话，就不一样了。

在两周内失去两名销售人员，意味着失去 6 个新的机会和 3 个他们需要赢下的订单。没有这些订单，他们就会落后，达不到业绩目标。没有任何办法来弥补这一点，即使其他销售人员在这"几周的时间"内多签了 3 笔订单，它仍然会让你失去了你需要的订单。问题是："是创造我们承诺的新的净收入重要，还是缩减我们的业绩目标来处理其他的项目重要？"即使这听起来有点生硬，但如果你没有完成销售任务，你也不太可能作为一名优秀的、具有团队精神的员工而受到表扬。

要保护你的团队不受客户管理项目、新软件的演示或某个项目试运行的影响。你的销售团队在执行任务，你的任务。

保护你的销售团队不受流言蜚语的影响

偶尔，你受到的威胁来自流言蜚语。一位高级领导意外离开公司，没有人知道发生了什么，也没有人知道谁会接替他的职位。这家公司的问题变成了大众的话题，所有的新闻频道都在报道，它的声誉受到了损害。公司的股价暴跌，使其成为恶意收购的目标。对于这些事情，你或你的销售团队都无能为力。若要保护你的销售团队，你需要你澄清哪些是事实、哪些是谣言，并把它们放在一边，回到销售工作中来。

最后，你需要保护你的团队不受公司内部其他部门的影响，包括他们失职带来的影响。当你们的运营团队落后于生产进度并且延迟交付的时候，你的团队可能不得不做一些伤面子的事情。特别是在这种飘摇不定的情况下，销售人员一方面被要求继续寻找新的机会，另一方面又会担心辜负客户的信任时，更是如此。在这种情况下，保护你的团队，就意味着督促运营团队，对于那些必须保留下来的客户要确保按时发货。

作为销售主管，你能做的最糟糕的决定就是让你的团队停止销售工作。想要重新获得失去的势头是非常困难的，不仅因为熵的问题（也就是局势混乱），还因为一两个季度后，当一切恢复正常时，你会失去本该赢下的订单。没有人会记得为什么销售团队停止了销售工作，而且他们也不会原谅你。

任何时候都要保护好你的销售队伍。

第十四章
CHAPTER 14

节奏

　　节奏就是工作的韵律。这就像一场音乐会必须有韵律一样，销售主管需要设定节奏，确保每个销售人员达到他们的业绩目标。有了适当的节奏，你就能更轻松地胜任商业中最困难的角色——销售管理了。

　　除非你过去的销售主管在管理上讲究节奏，否则你很可能不知道应该做什么、应该什么时候做，以及如何管理你自己的工作。那些被提升成销售主管的销售人员通常会发现，销售管理这个工作与他们想象的非常不同，所以他们决定保留销售主管的头衔，但继续做销售工作。这些销售主管每天的大部分时间都在四处奔波，试图赢下订单。

　　要建立节奏，首先要建立一个事件日历，确保你的销售进度在一年之中不会落后。就像所有的制度一样，它能防止你陷入被动，四处"救火"，无法主动工作，无法提高你的收入增长速度。不管你把它叫作节奏还是工作韵律，只要你的工作越有纪律、越专注，你的业绩结果以及团队的业绩结果就会越好。

　　关于节奏中的一些内容可以在第八章中找到。然而，在这里，我们将花更多的时间来探讨如何将所有的事情都放到日历当中。我们的目标是创造一种控制感和全局视角，让你和团队知道，为了收入增长你们必须做些什么。没有一种节奏对每个销售主管都适用。不同的公司和不同的销售主管对每种元素的需要也不同，所以你的部分任务就是，找到自己的节奏。

节奏的设计取决于团队中销售人员的数量和销售周期的平均长度。当你看到一个好的节奏竟然包括那么多的组成部分时，千万不要担心，不要试图一下子就设计出完美的节奏，而是要根据当前情况找出一个足够好的节奏即可。因为，你总可以在后面调整节奏的。

推出你的年度主题

在新财务年度开始的时候，你应该先明确你的愿景、你的年度主题，以及你要完成的任务。你要为你和团队指明方向，这样每个人就都有了方向。这对分享愿景和下一阶段的变革而言，是个好时机。也许你需要增加收入，提高赢利能力。也许你需要在过去没有太多关注的垂直领域寻求新的订单。你可能会把今年变成"替代之年"，把重点放在从竞争对手那里抢走大客户上。而且，如果你把一年的主题放在提高销售效率上，你永远不会听到我的抱怨。你可以在你的工作节奏中增加培训和技能发展环节来做到这一点。

为新的一年设定主题，你可以开始改进那些继续调整的地方，或者专注于某些能带来更多收入增长和更大成功的领域。即使一年只需要做一次，你也最好在新的财务年度开始前就设计好你的主题、愿景和目标。你们今年的第一次会议需要为接下来的 4 个季度指明方向。

如果成功地达到了业绩目标，那你可以在下一年改变主题，但前提是你取得了在年初承诺的结果。我曾经连续 3 年为一家销售机构做讲座。我和他们在一起的第一年，他们的主题是"成为挑战者"。第二年，他们的主题是"回归基础"。第三年，他们的主题是"提出更好的问题"。这些都是不错的主题，但他们从来没有完成过年度主题所要求的任务。相反，销售人员把这些都看成是花拳绣腿：尽管高层领导对每个主题都很真诚，并大张旗鼓地宣传，但对于他们在销售启动会议上提出的任何改变，都没有在事后追究销售人员的任何责任。每年，当销售人员结束会议时，这个主题就被抛在了脑后。因此，为了让你的主题更受欢迎，你需要制订新的沟通计划。

工作区域及客户计划

我们在本书的前面介绍问责制的时候介绍过这种制度，你可能已经在使用它了。你需要做出决定，要求团队多长时间更新一次他们的计划。你可以指导他们更新这个计划。

在一个相对较长的销售周期中，B2B 销售人员可以每 90 天更新一次他们的区域及客户计划。虽然许多销售组织都采用 90 天节奏，但这并不适合每个团队。我所熟悉的一个行业每年更新工作区域及客户计划的次数甚至不需要超过两次。他们的销售周期长得令人难以置信，需要数年时间才能赢下一笔订单。其他销售周期非常短的行业可能需要 60 天的工作区域及客户计划。任何比这更短的销售周期都不值得你的团队浪费时间。

我在这里要提醒你们注意一个严重而影响深远的威胁，一个难以翻盘的威胁，它将使你在数年之内难以获得收入增长。如果市场营销部门会为销售团队提供销售线索，那么销售人员很可能就不去寻找潜在客户，而是依赖市场营销部门的销售线索了。随着时间的推移，随着销售线索日渐稀少，销售人员越来越不愿意自己去做这项工作，而是宁愿坐等下一个偶尔冒出来的销售线索。不如解雇掉整个销售团队，然后从零开始，那样可能会更快、更容易一些。

不管你的销售团队忙成什么样子，永远不要让他们停止寻找潜在客户。哪怕是殖民火星，也要比让一个没有寻找潜在客户经验的团队重新开始寻找潜在客户容易得多。要坚持让你的团队制订工作区域及客户计划，并让他们执行这个计划——即使他们有不断涌进来的销售线索和销售机会时也要如此。你甚至可以用这些销售线索作为创造新机会的奖励，把它们发给那些已经在他们的区域赢下目标客户的销售人员。

奖励你的好猎手，饿死那些拒绝狩猎的人。如果这听起来不公平，请允许我解释。没有理由奖励一个没有完成任务的人。当你决定"公平地"分配销售线索时，你是在奖励坏的行为或坏的结果，或者两者兼而有之。若要帮助销售人员摆脱对销售线索的有害依赖，最好的方法是移走他们的拐杖，坚持让他们去寻找新的客户。

每周的销售管道评估会议

即使你在阅读了第八章之后开始召开每周的销售管道评估会议，下面也有更多你需要了解的内容。一年约有 52 周。这意味着销售人员有 50 周或更少的时间来实现他们的业绩目标。让我们通过一些数学计算，来理解销售主管是如何以及为什么会错失他们的目标的。

因为只是示例，所以我们将使用一些简单的数字。假设销售人员的目标是每年 100 万美元。他们有 40% 的胜率，订单的平均数额为 5 万美元。因此，他们需要完全赢下 20 笔订单才能实现业绩目标。虽然在数学上很容易理解，但在最好的情况下，达到这个数字也是很困难的。如果销售人员发现自己每周都没有创造出新机会，达到这个数字很快就会变得不可能。

在销售人员工作的 50 个星期里，他们每个星期都要创造出一个 5 万美元的机会。这是因为，他们的赢单胜率是 40%，所以他们每 4 个订单里将赢下 1.6 笔订单，输掉 2.4 笔订单。假设这个销售人员在今年的第一个月里没有创造出 4 个机会，相反，他们看了看自己的销售管道，认为里面的机会数量足够了，不需要再去寻找新客户了。而因为他们没有去寻找新的客户，所以他们没有创造出新的机会。

我知道这种情况会让你很不安。记住，这只是一个假设

（直到假设变成真的），但你应该在第一周结束时就为销售人员没有创造出新的机会而感到不安，而不是在月底或季度结束时再感到不安。当销售主管允许销售人员整整一个月没有创造出新机会却无动于衷时，你们就没有办法从损失中恢复过来，除非你会时间旅行，能回到过去改变策略。

每周的销售管道评估会议是一个很好的保障。它可以防止你的团队因为相信自己可以弥补失去的时间而伤害到自己。我会非常努力地督促他们，避免他们浪费超过一周的时间，确保他们创造出他们需要的机会。

销售机会的评估

这是另一个需要你决定节奏的地方。这里的考虑因素包括团队中销售人员的数量，以及他们正在处理的订单的平均数量。一位管理着 8 名销售人员的销售主管可以很轻松地进行每两周一次的销售机会评估，在一周内与一半的销售人员开会，下一周与另一半的销售人员开会。或者连续一周每天和两个销售人员开会，腾出另一周的时间做其他工作。

评估销售机会比较耗时，对一个有 15 名销售人员的销售主管来说，每两周抽出足够的时间与每个销售人员开会是非常困难的。如果评估订单的频率不够的话，就很难判断销售人员的订单是否在向前推进，也很难确保销售人员对每笔订单都有一个好的策略。

你需要考虑的另一个因素是每个销售人员正在跟踪的

订单数量。在一些行业中，每个销售人员会同时跟踪很多订单，那么你就不可能（或者没必要）评估每一个订单。相反，你可以重点评估销售人员的最大机会，并以一些销售机会举例，要求他们用相同的策略跟踪类似的订单。

如果销售周期较长，那么评估销售机会就容易得多。因为这时订单数量往往较少，你有更多的时间来制定订单策略。评估销售机会可以帮助你认识到，团队中的每个人在效率方面遇到的不同挑战。特别是，如果他们的销售机会揭示出，他们在销售沟通的某一阶段都出现了停滞时，这种评估就更有用了。这可以帮助你确保订单向前推进，并在必要时解决问题。

你最好每两周把所有的机会都评估一遍，但你必须根据销售人员的数量、订单的数量和平均的销售周期来确定你的节奏。

指导销售人员和客户见面

有两种不同的方法来指导销售人员和客户见面。第一种方法是评估销售人员的会面计划。第二种也是更有效的方法，是陪销售人员一起去拜访客户。

当收入增长是你的目标时，你必须确保团队中的每个人都做好了和重要客户见面的准备——也就是说，他们已经准备好了为潜在的客户创造价值。效率高的销售团队不会忽视和重要客户的见面。相反，他们总是会做好准备。你可以让销售人员描述他们为客户准备的方案，以及他们认为下一步要做什么来推动这个机会，并在这一过程中指导他们。最重要的是创造出与众不同的价值，让客户更喜欢从你们这里购买。

一位销售主管告诉我，他从未与团队中的一位销售人员见过面，所以也不知道该如何帮助他。果然，在帮助这位销售人员提高业绩方面，他的成效不大。他有不少思路，但如果没有看过或听过这位销售人员与客户的谈话，他就不可能知道需要做些什么改变来提高业绩。尤其是当你的销售人员在自己的管辖区域生活和工作时，这个问题会经常出现。主管很难在千里之外评估一个人的表现。

另一种指导方式是和销售人员一起在现场工作，并把它作为你日常安排中的一部分。不太可能有其他人提出如此激进的方式，但这本书讲的就是创造和赢得新的机会。为了帮助你的销售人员提高业绩，再没有什么比和他们一起去拜见客户更好的方法了。观察销售人员如何发现客户的需求会让你清晰地看到他们的表现和效率。如果你为了考察一个团队成员必须出差，那么让他们尽最大努力为你安排几个不同的会面。但即使你只参加了一次会面，也是值得的。在会面之后，你将有机会与销售人员共进午餐或晚餐，你会发现如何最好地帮助他们取得成功，同时和他们建立起更好的关系。

指导销售人员的个人和职业发展

如果你的节奏是一个好的、高效的节奏，那么它必然包括了指导你的销售人员在个人和职业方面获得发展。研究表明，很多销售人员希望获得个人的成长和发展，所以你的指导对很多人来说可能很重要。当然，你的指导要因材施教。

对有经验的、成功的销售人员，你应该采用一种探讨式的指导方法。例如，在你的指导过程中，你可以问他们是怎么想的，然后充当一个参谋的角色，向他们提出问题，必要时提的问题要犀利。这些对话的目的是探索新的想法和新的行动，让他们本已很好的表现更上一层楼。你可以相信，只要给出一些提示，让他们自己选择，一个有经验的人就可以完成大部分工作。销售人员越成熟、越自信、越有能力，他们在做出改变时就会越轻松。

指导一个新从事销售的人员——那种缺乏经验、缺乏自信和独立工作能力的人——需要不同的方法。询问一个新从事销售的人员，他们需要做什么以及他们应该如何促成改变是没有意义的。销售人员的经验越少，你的指导就越应该像培训。你要向他们解释一个概念，教他们如何思考这个概念，并指导他们如何获得需要的结果。你仍然需要问他们，应该做什么让自己看起来不同，应该什么时候评估自己的结果。这种类型的反思会帮助他们理解，为什么他们有的工作有成效，而有的工作没有像他们想象的那样有成效。

指导一个销售人员不需要超过半个小时的时间。做得多不如做得好，半个小时的集中指导足以让销售人员去尝试一些新的做法。记住，你的指导最终是要落实到行为的改变上的。

指导销售人员的时间管理

谈到收入增长，其中一个因素是销售人员花在和销售相关的任务和结果上的时间。一些研究表明，销售人员在与销售相关的任务上只花了 34% 的时间。人们发现，很多销售人员仅仅需要花更多的时间在销售工作上，就能提高他们的业绩。这项发现应该不会引起任何人的震惊。但谁又能预先想到呢？！

你可以看看销售人员的日程表，看看他们需要做些什么来为他们最重要的两项工作腾出时间。跟我一起说：创造机会和抓住机会是收入增长的关键。在这个问题上，你可以定期给予他们指导，尤其是当你意识到，销售人员需要更合理地安排时间，或者发现他们缺乏提高业绩的自律时，更要定期指导。

销售培训与提高

在其他有关创立节奏的建议文章中，你不会找到这一点的。大多数销售团队、销售支持团队、营收团队和销售培训师对销售效率都不是太关心。大多数销售组织的培训只是走过场的培训，只管告诉你一大堆信息，而且通常是关于其他方面的，而不是关于效率的。

你可以找到无数的资源为销售团队提供 20 分钟的培训。带领你的团队一起讨论这些内容，然后分享成果，这样随着时间的推移，每个人都可以获得进步。你要把技能的提高视为一个长期的过程，每个人都应该接受这个培训，因为他们的效率越高，业绩就越好。

要做到这一点，其中一个高效的方法就是在下午晚些时候召开电话会议，让大家彼此分享成果。你也可以利用这段时间和销售人员讨论某个订单，分享他们的策略，并回答同事的提问。

正确的节奏

虽然很难在一周内完成所有需要做的事情，但创建一个适当的序列可以为你提供所需的时间，完成上面所说的所有事情。你不需要在一周内干完每件事，只要按照它们需要的节奏干完就可以了。除销售管道评估会议外，许多事情可以每两周甚至每个月做一次（参见表14.1）。

下面是一个工作节奏的示例：

- 1月1日：年度主题和计划（90分钟）
- 1月2日：工作区域及客户计划（每个销售人员60分钟）
- 每周：销售管道评估会议（每周一30分钟）
- 双周：销售机会评估（每个销售人员60分钟）
- 临时：指导销售人员和客户见面（根据需要，确保有效地跟踪高知名度的、高附加值的、必须拿下的订单）
- 双周：指导（每个销售人员30分钟。不是针对销售机会的评估。如果有必要，加上时间管理的指导）

表 14.1　工作节奏表

	星期一	星期二	星期三	星期四	星期五	星期六/日
			2022年1月			
	年度主题和计划	工作区域及客户计划	工作区域及客户计划	工作区域及客户计划	工作区域及客户计划	
	销售管道评估会议	销售机会评估	销售机会评估	销售机会评估销售培训	销售机会评估	
	销售管道评估会议	指导	指导	指导销售培训	指导	
	销售管道评估会议	销售机会评估	销售机会评估	销售机会评估销售培训	销售机会评估	
	销售管道评估会议	指导	指导	指导销售培训	指导	

- 每周的销售培训：（25 分钟的培训或者在销售人员的带
  领下，评估销售机会）

没有一个放之四海而皆准的节奏安排；要考虑的因素太多了，但绝不能没有节奏。作为一名销售主管，你必须做出的一项选择就是，你是要花更多的时间和精力处理公司的内部事务，还是照顾你的销售团队。许多销售主管喜欢花时间和他们销售业务的领导在一起，部分原因是这样做可以更方便地升职。尽管希望承担更多的责任并没有什么错，但如果一个销售主管不花时间和他的团队在一起，那么没有人会希望下一任销售主管像他们一样做事。

第十五章
CHAPTER 15

你的下一个愿景

你的职位越高，看得就越远。站在你的新位置上，曾经看不见的东西会成为你关注的焦点，为你提供一个新的愿景。当你还在第一线工作的时候，你可能会担心新的净收入和增长率。你可能一开始有一个保守的愿景、一个适度的目标，以及一个你相信你和团队可以不太困难就能完成的增长率。

你会为达到目标而高兴，你也应该高兴。花点时间为你自己和团队感到骄傲吧。但当那一刻过去后，你会突然意识到，目标定得太低了，你的愿景太狭隘了。你会意识到，如果你再大胆一点，会增加更多新的净收入，并以更大的比例突破你的目标。你也会意识到，你需要做一些改变，才能在未来做得更好。这是你下一个愿景的开始。

评估你的销售活动

成功的销售有两个主要因素：主动性和有效性。当你看到你的业绩结果，以及你和团队为实现你的新愿景必须做的工作时，你需要做出的改变几乎属于这两个类型之一。我希望说服你相信，"更多的销售活动"并不是实现收入增长唯一可行的或必要的策略。

你可能需要增加你目前的销售活动，但你也可能需要增加一些新的、不同的活动，特别是在需要不断提高新的净收入和年增长率的时候。如果你认为自己需要的只是让你的团队打更多的电话，安排更多的会面，那你就太天真了——尤其是你还有其他能产生更好结果的方法时，更是如此。换句话说，新的销售活动可以提高你们的效率。

例如，你可以在保持现有的寻找新客户的力度的同时，指定一个垂直行业专家，指导销售团队投入时间和精力，为潜在的客户服务。和这些客户合作的将是了解他们业务的销售人员，客户会从中受益。你重新分配了他们的销售活动。当这种策略适合销售团队时，同样也会提高效率，因为你为客户提供了一个业务专家。

改变销售沟通中的一些活动也可以改善结果。例如，你可以要求销售人员在和每个客户见面以后，给客户发送一份会议纪要，分享他们对客户情况的理解以及他们确定的优先事项。在这份纪要中可以概述他们下面要做的事情，以及他们将如何为客户和客户的团队创造价值。

同样，一些简单的事情，比如要求你的团队在每周五下午提交下一周的计划，也可以改善团队在时间管理方面的问题，让他们更专注于重要的事情，并通过明智有效地安排时间来改善业绩。按照这个思路，有时停止干一些事情也会给你带来好处，比如不在第一次给客户打电话时，就判断客户是否符合资格。有些人可能觉得我的说法是异端邪说，但什么都不做也比给客户留下负面体验要强。

这里的一些想法可能会出现在你的新愿景中，但更重要的是要考虑，哪些活动会帮助你在未来做得更好。你要通过这个视角来看待你的未来。许多销售团队停滞不前的原因是，他们只依赖于"更多的销售活动"，而没有认识到改变做事的方法具有的无限潜力。

在下一年，你想改变团队的哪些做法来获得收入增长？

效率乘数

作为销售主管，你每年的首要任务就是提高销售队伍的效率，无论是个人的还是团体的效率。效率可以成倍地增加销售活动的成果，从而提高你们的业绩。

提高是一个过程，需要时间。太多的销售组织认为培训就会带来转变；尽管培训可以提高效率，但它并不是魔法。通过你的年度主题，你可以决定需要增加哪些新的能力来增加新的净收入。通过综合性的节奏规划，你可以在销售沟通中了解每个人需要什么来提高他们的效率，并帮助整个团队提高综合能力。

你可以赋予或者改进销售人员的某种能力或性格特征，达到收入增长的目的或者提高增长率。第九章的能力模型是一个很好的指南，你的团队可以用它来发现哪些地方需要改进。重要的是要认识到，改进通常意味着以一种全新的方式去完成以前熟悉的销售活动。

大多数销售人员在第一次和客户见面时，会使用"为什么选择我们"这种销售方法；这种方法具有一定的局限性。提高业绩的一个直接方法就是认识到这一点。正如我在第十四章中建议的那样，你应该保护销售团队不受这种销售方法的影响，因为它对你的潜在客户没有任何价值，而且经常会让他们尖叫着扑进竞争对手的怀抱（当然这是一种比喻）。最初和客户进行销售沟通的最好方法是把重点放在客户身上，了解他们为什么获得不了曾经很容易获得的成果。

另一个可以考虑的改进是，把发现客户需求的销售沟通看成是客户了解他们自己、了解他们的公司、了解他们为什么达不到所需的业绩以及了解他们获得改善的潜力的一次对话。在同一次会面中，你的销售人员既能学到一些东西又能传授一些东西，效率就提高了。从为客户创造价值的角度讲，发现更多的东西不如发现更关键的东西有用。

而且不幸的是，在 B2B 销售团队中，很少有人采用某种框架或方法去建立共识。任何微小的改进都会在这一领域产生很大的效果。忽视共识往往会输掉订单，甚至会扼杀客户的变革。对大多数人来说，建立共识是一种新的销售活动。这一点再次证明了领先增长需要高效的、行为上的改变。

以上几个方面都可以作为你改进的起点，但前提是你知道怎样做对你的销售团队最有帮助。花点时间评估你的销售人员，尝试你的选择，做出最好的决定。我建议你可以花 3 年的时间完成全面的变革。

要求额外的资源

我认识的一位高层领导非常大胆，他要求自己的销售主管在只使用现有资源的情况下，在下一年将收入翻一番。他认为销售人员只用了一半的力气，只完成了他期望中可以完成的业绩的一半。因为他是新加入公司的，他不知道他的销售人员在开车去拜访客户的路上会花多少时间，所以他要求销售人员在往返的路上给潜在的客户打电话。这个要求让他的销售主管和销售人员士气低落，而且我怀疑这么做，对他们的安全驾驶也没有任何帮助。

不幸的是，高层领导要求销售主管使用相同的资源创造新的净收入的情况并不罕见。这往往表明，高层领导太脱离销售人员的日常工作了。在这种情况下，高层领导很容易低估持续增长需要的资源。

把更多的资源放在第一线

想象一下，在一个领域中你有很多机会，但你的销售人员太少，无法跟踪这些机会。你可以像一些销售主管那样，给每个销售人员分配一个更长的潜在客户的清单。虽然这看上去是个好主意，但除非你的新清单自带时间机器，否则你的销售人员无法快速将这些机会转换为新的净收入。你可以要求更多的人手，但这也意味着你必须增加销售额，才能支付新人的工资。

一些组织会设置内部销售岗位。这些销售人员不用去现场拜访客户。他们坐在办公室里，负责从现有的客户那里获得后续订单。他们可以解放第一线的销售人员，让他们专注于获得新客户，而不仅仅是获得新订单。还有一些组织可以增加客户关怀岗位，确保留住客户并避免在某些行业中自然发生的客户流失。

那些按照这本书完成工作并改善了业绩的人已经证明，公司可以信任他们，并为他们提供更多的资源，尤其是这些资源可以产生新的净收入或者提高他们的增长率。

把更多的资源放在寻找新员工及留住老员工上

你需要的额外资源也可能是更多的钱，用来招募新的人才或增加对销售额贡献最大的销售人员的工资。你可以用佣金的方式做到这一点，但还有一个更强有力的观点认为，更直接地留住优秀员工是必要的，尤其是当他们有很多其他销售机会的时候更是如此。

失去一个优秀员工，尤其是一个不断创造新的净收入的员工，会让你的业绩倒退。我认识的一位销售人员所在的公司，在新的领导上任后，公司文化发生了巨大变化。这位年轻的领导相信现有的客户不会离开他们，因为转换供应商的成本非常高，而且他们还接触到了客户的生产数据。后来，当这个客户转投竞争对手时，这位领导还认为，他们可以扣着客户的数据不放。最初赢下这个客户的销售人员很不安，因为他现在失去的客户不得不起诉公司获取他们的数据。他离开了公司，跳槽去了竞争对手那里，并带走了他的客户。这是一个极端的例子；他是公司唯一的销售人员，他离开后，公司经历了"负增长"。

把更多的资源放在对销售人员的支持上

大多数销售主管不会主动要求额外的资源来提高团队能力。然而，如果收入增长的关键因素是效率，那么你最好搞定培训和发展团队的费用。你的职责是提高团队的效率，但你并不负责创建销售方法和销售框架，不负责召开销售研讨会。这些属于销售支持团队的工作，他们会生成这些内容，并将其授权给销售团队。

你可以获得的另一类提高业绩的资源是销售技术。我承认我不是销售技术方面的专家，我只知道我大脑当中的销售技术。但即使这么说，也有一些工具可以提高生产力，比如经过人工验证过的电话号码和电子邮件地址的数据库。还有一些工具可以帮你记录销售人员的电话，回听录音，使用它来指导销售人员的工作，或者向其他销售人员展示一通好的销售电话是什么样的。

在我们谈论如何规划下一个愿景之前，请你记住，你必须改进团队的销售活动并提高他们的效率。为了逐年提高你的业绩，你也可能需要协商更多的资源。

10 月应该干什么？

当你开始计划你的愿景时，你可能需要列出一个清单，写出你在下一年要做出的改变。为了在繁忙的工作中更轻松地做到这一点，你可以把自己的所有想法都记录在一个文档中。其中有一些想法你会真正执行，而另一些则会蛰伏，等待合适的时机。你可以把这份对未来的计划保存在手机上，因为手机从不离身。

这不是新年愿望，所以不要拖到 12 月的最后一周再做。我认为，建立新愿景的理想时间是 9 月，但由于第三季度通常在 9 月结束，你可能很难抽出时间来计划和起草这个文件。所以对大多数销售主管来说，10 月是完成这项工作的最佳时机，因为它是新季度的开始。

10 月的大部分时间应该用来为下一年做准备，而且在第四季度，时间好像过得很快，转眼就到了下一年。到 1 月再开始考虑就太晚了，因为新的一年已经开始了。不管公司给你的销售目标是什么，你的工作都是根据你的团队潜力来制定自己的目标。你可以制订一个更高的目标，给自己一个缓冲，以后可能用得着。

在讨论更多细节之前，我们需要回到 7 月。如果你知道你需要额外的资源，更多的员工，或者给销售人员增加工资，购买培训或销售技术，你需要在 10 月之前提交这些请求。根据财务年度的开始时间和你的领导决定预算的时间，你可能需要提前几个月提出这些要求。

愿景 2.0

让我们回到本书开头部分提到的收入增长公式:

现有收入−流失收入 + 新的净收入 = 收入增长

你需要对明年年初的现有收入做一个合理的预测。一种计算方法是查看团队现有的客户和他们的承诺,这样你至少会有一个很好的估计。当你确定客户不会叛变时,将他们划分为"安全的";当客户可能离开或被竞争对手抢走时,将他们划分为"有风险的"。你的计算中最简单也是最悲哀的部分是减掉已经"失去"的客户的销售额。你需要谨慎,把所有"有风险的"客户都删除是没有意义的。你要做的是看看过去你因为客户流失而造成的损失,并估算一个你认为相当接近的数字。

现在是最困难的部分——新的净收入。你必须看看每个销售人员都赢下了哪些客户,并估计他们未来可能赢下哪些客户。你不必担心一个最优秀的销售人员表现不如过去,但你也不能指望突然从哪里冒出来一笔巨额订单。不管销售指标是多少,你同样不能指望一个业绩排在后四分之一的销售人员会突然跃升到排名的前端,但你也应该同样相信他,可能将新的净收入增加 10% 到 15%。

从工作区域及客户计划中找到增长点

使用工作区域及客户计划的原因之一是,通过确定你的理想客户，你能知道你的公司赢下了哪些客户，没有赢下哪些客户，以及和哪些客户还没有取得联系。这里的要点是，深入观察每个区域，确定从哪里以及从谁那里获得新的净收入。

如果在一个预计有 2 亿美元的潜在销售额的区域，你需要获得 1000 万美元的新的净收入，那么你只需要在该区域的总支出中赢下 5% 就可以了。如果一个区域的总支出只有 2000 万美元，而你需要赢下 1000 万美元，那么你就需要创造奇迹，才能在一年内赢下这个区域中一半的支出。你不仅需要知道要创造多少新的净收入，还需要知道你的团队要从哪里获得这些收入。

专注于你真正想要的东西

回顾最初，当你读到第一章"愿景"时，在回答"你想带领团队实现什么"的时候，我给出了我的清单，其中包括"从大客户那里获得收入增长"和"永远不需要回答'为什么选择我们'这个问题，因为销售人员已经在销售沟通中用他们创造的价值证明了这一点"。

在变革的第一年，你已经完成了一些你列在清单上的事情，这些结果将帮助你认识到，你的团队接下来要做出哪些改变。不要急于求成。你要根据对收入增长的贡献来确定计划的优先级。你不必一次做所有的事情。你有一年的时间来获得这些进步，即使你想要的一些进步需要几年的时间才能实现。

领导力是成功的关键因素

我有一个文件夹，标题是"聪明人说的蠢话"。这些名言都有一个共同点：相信两件重要的事情在某种程度上是相互排斥的。你可以毫不费力地在社交平台上找到这种话，尤其是在吸引人们参与的民意调查中。因此，当人们让你在帮助客户和销售产品之间做出选择时，你要知道，正确的答案是："既要……又要……"

我最近收录到这个文件夹中的话是："你并不是因为负责一件事而成为领导，而是因为照顾你要负责的人而成为领导。"我不禁要问，如果领导不负责，那到底谁负责呢？你知道你有责任领导你的团队，正是因为你是负责人。否则，你的公司不会把这个团队交给你。同时，你也知道你必须照顾你的员工，帮助他们成长、进步，并在工作和家庭中取得成功。

领导力是在商业活动中获得业绩的关键因素——在其他任何人类活动中都是如此。领导力在很大程度上构建了未来：确定未来是什么样子，确定实现未来所需的条件，确定战略和行动计划，设定高标准，提高团队成员的能力以确保他们实现自己的目标和你的目标。

两种层次结构

自然界中存在两种层次结构。第一种被称为支配型的层次结构。在这种结构下，领导者是独裁者，武力是主要的策略。对于野兽来讲，这没什么问题。然而，对于人类，武力是弱势一方的选择，因为他们无法以更有效的方式实现自己的目标。你不会喜欢在一个支配型的层次结构中工作（我也熬不过前半个小时，因为我对霸凌者有强烈而激进的反应，这是我的童年经历造成的，当然我后来学会了一些外交技巧）。

第二种被称为成长型的层次结构。它们之间的区别很明显。正如哲学家肯·威尔伯（Ken Wilber）告诉我的那样："这种结构就像从原子到分子，从分子到细胞，从细胞到生物体。"生物体不会支配细胞，细胞不会支配分子，分子也不会伤害细胞。有趣的是，当你破坏一个分子时，你破坏的是细胞，而不是原子。上层的一切都消失了，下层的一切却完好无损。

在成长型的层级结构中，每个成员都受到养育和保护，它与支配型的层次结构正好相反。你应该领导并建设一个成长型的层次结构。

　　我写这本书的一个原因是，太多的销售人员在没有经过任何培训或培养的情况下，就被强行推上了销售岗位。他们不知道如何完成对这一岗位而言最重要的工作：创造新的净收入。许多销售主管被提升到这个职位，是因为他们在销售岗位上干得非常出色，而不是因为他们有天生的领导才能。这个人可能就是你，也可能是你认识的人。销售主管不懂这些策略和制度的一个原因是，他们的主管没有告诉他们这些事情，而他们主管的主管也没有告诉他们这些事情。

　　管理未来的一种途径就是培养下一代领导者。这些领导者体验过好的领导力和好的销售管理，经历过那些能够提高他们的能力，帮助他们获得成功的制度安排。你的一些团队成员最终可能会担任销售管理者的角色，而判断你作为领导者的一个有效方法就是，看你带出了多少领导者——拥有自己愿景的领导者。

　　我非常感谢您购买了《领先增长》这本书并阅读了它。我们在一起共同探索了战略、战术和制度安排。我希望您用这些方法帮助您的团队取得成功，并帮助他们的客户取得成功；达到他们的目标，也达到您的目标。在这本书中，没有什么内容轻易就能做到，但我相信值得为此努力。我也相信销售管理是一个人可能接受的比较困难的职位之一，因为大多数人都不明白，创造新的净收入多么具有挑战性。只有当销售人员与潜在客户的沟通创造出了足够的价值以后，潜在客户才会签署合同并为我们的产品付费。直到这时，我们才能获得新的净收入。

在这 4 本书的写作过程中，我要感谢数百名支持我写作工作的人。我对他们每一个人都心存感激，但接下来我要说的是另一种形式的感谢。

我们每个人都有经验教训，有些是痛苦的，有些甚至还会在我们身上留下印记。这些印记有些肉眼可见，有些是不可见的，但它们都一样存在。内部的印记往往会造成更大的伤害。我们大多数人的内心都比外表更柔软。如果你同时经历过骨折和心碎的感觉，你就会知道我说的是真的。心碎比骨折更痛。

时间不会倒流，你没有第二次机会来避免你犯过的错误、失误和误判。许多人希望有机会收回某些决定，相信如果选择了不同的道路，会生活得更好。

没有证据表明，如果你走了不同的道路，生活就会更好。然而，有证据表明，如果你做出了一个糟糕的决定后，随之而来的惨痛教训反而会阻止你重蹈覆辙。你学到的大部分东西都是用代价换来的。为了一次教训付出了高昂的代价后，你就不会再为它付出第二次或第三次代价了。

一个人成为好的领导者的方式就是犯错误，然后认识到错误，然后在未来做出不同的决定。因此，我要感谢曾经犯的错误。我也深知，将来我可能还会犯错误，因为在做决定或领导团队方面，没有一个领导者从没犯过错误。在我看来，你能做的最好的事就是，在你的领导下，让团队中的每个人都获得成长。如果做到了这一点，那么你肯定会达到两个目标。一个是你的团队会成功，另一个也是更重要的，你们将培养出下一代的领导者，他们中的大多数人将知道如何避免你曾经犯的错误。